何もなかったわたしが
イチから身につけた

稼げる技術

女性のための「カセギスキル」

和田裕美
WADA HIROMI

ダイヤモンド社

女性のみなさん、
あなたは稼ぎたいですか？

稼ぎたいと
思っているけれど…
でも…。
稼げる自信が
ないんです。
私なんかムリ…。

専業主婦だし、会社を辞めてだいぶたつし…
子育てで働く時間は今はないし…
正社員だけど、事務職で専門スキルとかないし…

じゃあ
「稼がなくって」も
大丈夫なのでしょうか？
お金のこと、将来のこと。
本当に不安はないですか？

定年後の
収入が心配

老後が心配

会社が
つぶれたら、
どうやって
食べていけば
いいのかしら？

子どもの
教育費や
家のローンが
心配

いわれてみれば
たしかに…

お金がないと困る…

モヤモヤ…
気になる心配…

もう一度聞きます。
あなたは**稼ぎたい**ですか？

稼ぎたいです！

わたしも！

わたしも！

わたしも！

今から一緒に
カセギスキルを
身につけていきましょう。
あなたはもっと
稼いでいいんです！
遠慮しちゃダメ！

はじめに――あなたはもっと稼いでいいんです！

この本は**女性がもっと稼げるようになる**ことを願って書いた本です。

もしあなたが、**今よりもっと稼ぎたい**、いや、**ちょっとでも自分で稼いでみたい**、と思う気持ちが少しでもあるのなら、「できるかできないか」を考える前に、まずはここから、読み始めてください。

きっと**自分の可能性に気づくはず**です。

経験がなくても、専門スキルや学歴がなくても、
年齢を重ねていても、主婦であったとしても、
ちゃんと技術を身につけることで、
女性はもっと「稼げる」可能性をたくさんもっているし、
もっと「稼いでいい」実力を秘めています。

今まではその可能性に気づかず、
その実力を開花させる方法を知らず、
いろいろなことが「むずかしい」という一言で片づけられてきただけなのです。

だから、稼ぎたいと思うなら、
「自分には経験がないから」
「もう歳だから……」と、やる前からあきらめて、
その可能性を使わないのは、
本当にもったいないんです。

しつこく繰り返しますが
あなたはもっと稼いでいいんです！

２０１８年９月

和田裕美

あなたの強みを生かす「カセギスキル」

「人生１００年時代」……という声をよく耳にしますよね。

ただ、人生１００年時代を生き抜く方法を特集している雑誌やウェブ記事では、年金や投資、資格やキャリアを中心に語られていることが多く、わたしのなかでは、あまりピンときていませんでした。

そこで、わたしなりに**もっと具体的な「一生食べていけるスキル」を**

伝えることはできるという自信だけはあったので、

２０１７年に、**「カセギスキル」講座**を、勇気を出して立ち上げました。

勇気を出して……と書いたのには理由があります。

カセギスキル講座は、わたしがお伝えできるコンテンツすべてを丸ごと詰め込んだ内容で、全10回という、今までにない本格的なものだったということ。

さらには、わたしではカバーできない内容をヘルプしてくれるような、

超スペシャルな講師陣にもご登壇いただくため、
受講料もそれなりの金額設定となってしまったのです。
でも、ちょっと自分でもびっくりしたんですが、
この講座は**募集から1週間で即満席、**
たくさんの方をお断りするほどの大反響だったのです。

そして、もっと驚いたのは、募集時は、起業したいとか、すでに起業している人が来るのだろうと思っていたのですが、そうではなかった。

実際に参加申し込みされた方たちの多くが、**普通の会社員の方**だったこと。

なかには、お仕事にブランクのある**主婦の方**もいらしたことです。

これは何か大きな変化が起こっているんだ、
世の中の「気配」は変わってきているんだ！　とぞくぞくしました。


講座は、回を重ねていくにつれ、個人差はもちろんありますが、

・10回の講座卒業を待たずして、**昇進しお給料が増えた方**
・**会社内での評価が劇的に上がった方**
・起業して8年で**一番の売り上げを達成した自営業の方**　など、
成果が目に見えてあらわれてきました。

もちろん、会社員の方はすぐにお給料に反映しない場合もあるので、すべての人が速攻で稼げるようになったとはいい切れませんが、みなさん、それぞれの段階での変化があり、

「やっぱり、稼ぎ方を、学んでいなかっただけなんだ」

と、この講座を通して、あらためて実感できました。

人生１００年時代でも、
自分が稼げればどうってことないのです。
一生食べていけるスキルを身につけることで、
すべてとはいいませんが、
いろんなことが解決できるはずです。

この本を、シンプルに読み進めるためのガイド

この本は、
①今まで仕事をがんばってきたけれど、この先の将来が不安なモヤ子さん
②専業主婦・パートで、自分で稼げる自信がないモヤ美さん
という2人の悩めるモヤモヤさんに向けて書いています。

2人に共通するのは、

「今のままでいいとは思っていないけれど、どうすればいいかわからない！」

と悩んでいること。


モヤ子さんについては、「もっと実力をつけなくては！」と男性に負けないキャリアを必死に身につけようとしているかもしれませんが、はっきりお伝えします。**キャリアアップだけで、稼げる人にはなれません。**

あなたが稼ぎ続けるためには「新しいやり方」が必要です。

そして、自分を変えるタイミングが「今」なのです。

モヤ美さんについては、逆です。
あなたはすでに「稼げる技術」をもっています。すごい人なのかも！
でも今はまだ、その技術を発揮できていません。
だからこの本で、自信をつけていただきたいのです。

ご自身のタイプに合わせて、
「あ、これは自分に関係ないな」と思えば、
読み飛ばしてくださいね。
ただし、主婦でない方が、自分と違うタイプの人の悩みを知ること、
主婦の方が、キャリアのある女性の切実な問題を知ることは大事。
今後、必ず役に立ちます。
(おそらく、同じ場所で働く機会が増えますしね)
もし今この本を読んでいるあなたが男性であれば、
ぜひ参考になるところだけお読みいただいて、
奥さんやパートナー、女性の同僚、部下の方などに
わたしの代わりに伝えていただけたらとも思っています。

わかりました！

何もなかったわたしが
イチから身につけた
稼げる技術
目次

10 はじめに――あなたはもっと稼いでいいんです！
12 あなたの強みを活かす「カセギスキル」
15 この本を、シンプルに読み進めるためのガイド

第1章

何もなかったわたしが身につけた「稼げる技術」

28 何もなかったわたしがイチから身につけたこと
32 カセギスキルを身につけてからは、一切セールスをしていません！
34 「売れるわたし」に変わったら、「好かれるわたし」になった！
38 3つのスキルがあれば、女性は稼げるようになります！
42 だからあなたは「もっと稼いでいい」んです！
44 第1章おさらい
46 Column 稼ぐことは、本来わくわくして楽しいもの！

第2章

カセギスキル1.

「お金スキル」を身につける！

48 お金の超基本ルール。お金って「足す」か「削る」か「動かす」しかない
52 お金は「3つの窓」から出ていく。あなただったら、どの窓を開けますか？
56 お金のイメトレ① 使い切ってもお金がまた入ってくる「魔法のサイフ」をイメージする
60 お金のイメトレ② あなたのサイフに100万円を覚えさせる！
64 お金があったら何がしたい？ 「何のために稼ぐのか」をはっきりさせる
68 稼げる自分に変わるために、「自分のためにやる！」と決める
70 毎日の「よかった」探しを習慣にする
77 Column お金に苦労しない人生を送るコツ
78 第2章おさらい

第3章

カセギスキル2.「好かれるスキル」を身につける！

「同性に好かれる」と、一生食べていける！ 82
セールスの仕事は今、ものすごくチャンスです！ 84
「好かれる人」が必ずもっている2つの力を手に入れる 88
前のめりになって聞く、具体的なやり方はこう！ 90
共感されるための「相手目線トレーニング」 96
ものを売らずに「幸せな未来」を売る人になる 100
聞き上手以外にもまだある！　「好かれるスキル」を上げる6つの方法 104
「人に好かれる力」がある人はどこでも必要とされる！ 108
第3章おさらい 110
Column　稼げる体質になるための、「すぐやる」4習慣 112

第4章

カセギスキル3.

「動けるスキル」を身につける！

まずは動く。動けば稼げる。やり方を次の2つから選ぶ　114
「入り口」にこだわらなければ、女性はどんどん稼げる！　116
見習い期間を、短くて3カ月、長くて1年と決める　120
正社員より稼げるパートさん!?　意外なカラクリとは　124
プライドを捨てると、女性はキャリアアップする　126
小さく「動く」なら、ネットがおすすめ。「デジタルおもてなし力」で稼げるようになる！　128
いつでも声をかけてもらえるよう、「プロフィールシート」をつくる　132
第4章おさらい　136
Column　あなたはもっと伸びていい！　138

第5章

「できるかも……でも不安」を、根こそぎ取り除く

一歩踏み出すならぜったいに「今」なんです！ 140
Q 仕事と家庭（育児）、両立できるか心配です 142
Q 仕事をすることに家族が反対しています。どう説得すればいいでしょうか？ 144
Column 実は男性も女性に働いてほしいと思っている！ 149
Q 「未経験者歓迎！」と求人欄にありますが、本当ですか？ 経験がないので不安です 150
Q 履歴書を準備したいと思います。どこから手をつければいいのでしょうか？ 152
Q 書類を渡す際の注意点はありますか？ 154
Q 面接で何を着たらいいのかわかりません 156
予算のない人は通販サイトを活用！ 160
Q 旬のスーツを買うという「自己投資」もあり 162
Q 久しぶりにジャケットに腕を通してみたものの、どこか違和感が…… 164

166 美容院を出たその足で履歴書の写真を撮りに行く
168 Q 面接や職場で失敗しないメイクを教えてください
170 Q 面接で緊張しない「おまじない」を教えてください
172 面接でキャリア女性がぜったいに気をつけたい1つのこと
174 ネイルにも気持ちを高める効果が！
176 面接であなたが一瞬でキラリと輝く魔法の伝え方
182 「教えてください」と「ありがとうございます」で印象は変わる
184 第5章おさらい
186 Column カセギスキルで、家族のあり方も変わる

第6章

人生100年時代！一生食べていけると、あなたがキラキラ輝く！

100歳まで生きる時代だから、「いくつになっても稼げる技術」はとっても大事！ 188
一生「節約」して生きていくなんて、やっぱり限界があります！ 190
「年齢不問」は、年齢を重ねた人のほうが有利！ 194
女性にとって武器となる「コミュニティ財産」 198
誰かに必要とされるから、一生続けられる 202
一生働けるカセギスキルを身につけた人たち・2つのサンプル 205
サンプル① 利用者から100人を統括するリーダーへ 206
サンプル② 限られた時間で稼ぎ、子ども2人を名門大学へ 209
おわりに 213

稼げる技術

第1章

何もなかったわたしが身につけた「稼げる技術」

何もなかったわたしが イチから身につけたこと

「わたしには正社員で働いた経験がありません」

専業主婦の方はこうおっしゃいます。

「いや、わたしだって専門スキルは何ひとつないし、転職とか自信ないです」

正社員で働いている方も、不安の声を上げていました。

そして、わたしにこういいます。

「こんなわたしでも……稼げるのでしょうか？」

実は、昔のわたしも**まったく同じことを思っていました。**

今でこそ「自分の力で稼げる！」と胸を張っていえますが、京都の大学を卒業し、上京した頃、20代前半は、とにかくお金がありませんでした。

もやしと納豆ばかりぼそぼそと食べながら「もっとお金が欲しいなあ」と、狭いワンルームの低い天井を見ながら思っていたことも……。

その頃はまだ若かったので、お金に困らない人生のためには、まずは「収入の高い人と結婚する」と（相手に選ばれるかはさておき）思っていました。

だから、「自分で稼ぐ」ということは、あまり考えていなかったんです。

ところが、好きになる人がことごとく、お金よりも夢を追いかけるタイプの人ばかり（笑）。そうこうしているうちに、大事なことに気づきました。

「男の人に依存しないで、お金からも恋愛からも自由になりたい……」

最初はぼんやりと思ったんですよね。

それが「今のわたし」になるスタート地点でした。

とはいえ、当時のわたしは**専門スキルも実績もなく、ずば抜けた才能や頭脳、学歴、美貌、ご縁もなく……。**

とにかくそんな「思い」以外は、

「なんにもない」わたしがあっただけでした。

でもわたしの「思い」は決して消えることなく、

「とにかく、なんとかしたい！」という強い思いへと変化していきます。

「何もないから、なんでもできるのかもしれない」

「何もないから、失うものもないはずだ……」

そう思えたときに、ようやく一歩を踏み出せました。

その一歩というのが、専門スキルがなくても経験がなくても「稼げる」チャンスがある、**セールスの仕事**だったのです。

セールスというと、「あ、わたし事務職だから無理無理！」などと毛嫌いする人がいるかもしれませんが、もう少しおつきあいくださいね。

勤め先は、英語教材を「完全歩合制」で売る外資系企業でした。

契約が取れなければ、報酬はゼロです。

そんな厳しい環境で、「何ももっていなかったわたし」が、どのようにして世界ナンバー2の実績を残し、20代で何千万円ものお金を稼げたかというと、あるコツ**をつかんだからです。**

営業のコツ？

いえいえ、それではありません。

わたしが手にしたのは、
どんな仕事にも使える「稼げるコツ」です。

セールスというのは、いいかえれば、**人の心を動かすスキル**です。
人の心を動かして、相手から「あなたから買いたい」と
商品を超えて、**「わたし」を選んでもらう技術**となります。

好かれて、信頼されて、つながって、あたたかい関係が生まれる。

こんなふうにわたしが手にしたスキルは、経験によって磨かれ、
営業以外のさまざまなビジネスシーンで役に立ち、
気づけばわたしにとっては、**最大の生きる力**となりました。
それが、この本で紹介する
「カセギスキル」なのです。

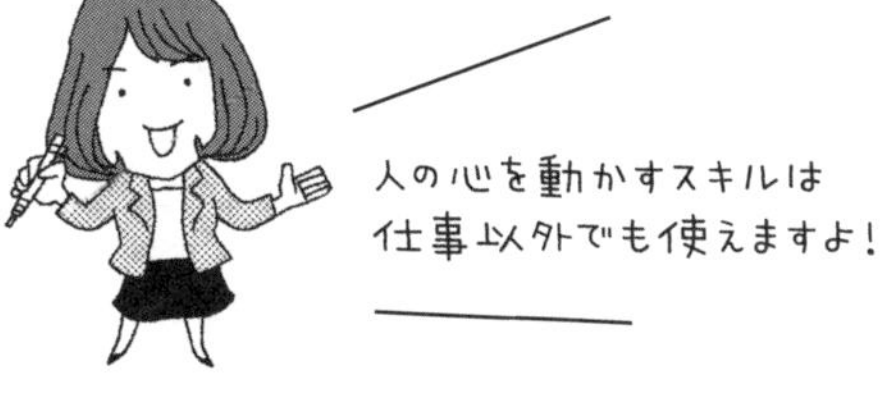
人の心を動かすスキルは
仕事以外でも使えますよ！

カセギスキルを身につけてからは、一切セールスをしていません！

2003年に独立してからは、コンサルタントとして国内外で研修や講演活動をおこなってきました。

コンサル業と同じくらい大切にしてきたのが、書くお仕事です。

処女作はセールスでしたが、それ以降は、伝え方、話し方、書き方、自己啓発（陽転思考や生き方）などについて、60冊以上書き下ろしてきました。

こんなにたくさんの本を書けるなんて思ってもみなかったのですが、

実は、わたしがこれまで経験してきたことを分解していくと、

いくつもいくつも、ノウハウが出てきたのです。

これこそが、わたしが磨き上げてきた**「専門スキル」**です。

セールスから始まったわたしですが、そこで手にした「専門スキル」は、**話し方や書き方、考え方など、すごく幅広いものだった**のです。

もうひとつ、**想定外の展開**がありました。
セールスで稼げる技術を身につけたわたしですが、
今のわたしはセールスを一切やっていません。

たとえば「何かお仕事をください」などと、自身を売り込むこともなく、
「次はこんなテーマで本を書きませんか？」とか
「こんなセミナーをお願いできますか？」などと、
あちらからご縁がやってきます。

たしかに、ここまでくるのにある程度年齢を重ねてはきましたが、
スタートラインに立ったばかりの、何もなかったあの頃のわたしを思うと、
もう奇跡みたいな人生です。

そして、これは他人事ではないんです。
何もないところからのスタートは、
わたしもあなたもみんなも一緒なんです！

「売れるわたし」に変わったら、「好かれるわたし」になった！

セールスの仕事をしていた頃は、**お客さまからの紹介**がすごく多かったんです。

おそらく、わたしが、

「人に好かれるコツ」を身につけたからなんです。


営業を始めたころのわたしは、試行錯誤の末、

「人は好きな人からものを買う」というあたりまえのことに気づきました。


そうして、自分の「好き嫌い」という感情を軸に、

「人は自分の話を聞いてくれない人が嫌い」であり、

「人は自分の話を聞いてくれる人が好き」という考えにたどり着いたのです。

「人は好きな人からものを買う」

↓

「人は自分の話を聞いてくれる人が好き」
↓
「人は自分の話を聞いてくれる人から買う」

こんな設定が頭の中でできあがったことから、わたしはどんどん売れていくようになったんです。

そして、売れるようになって、結果的に稼げるようになり、歩合給ということもあって、**20代で２０００万円を超える収入**（その後、支社長になったときは５０００万円）を手にすることに。

それにしても、**「好かれる＋稼げる」のセット**が手に入るって、「なんだか都合のいい話すぎる！」と思いましたか？

そうなんです。だからこそ、ここに**「セールス」**もしくは、**「ビジネス」**という**エッセンス**を混ぜる必要があるのです。

とはいえ、すぐにセールスの仕事をしなくても、**今日からすぐに「好かれる力」を磨くことはできます。**

まずは**「自分が話す」のではなく、「相手に話してもらう」ことを毎日の生活でやってみる**ことです。

女性はもともと、話すのが好きなので、「そうそう、わたしも……」などと、相手の言葉をさえぎって、自分の話をしてしまう人が多いんです。

そこで、**「日常会話も『稼げるトレーニング』だ！」**と思って、「へえ〜、そうなんだ。それでそれで？」と**相手の話を、常に前のめりで最後まで聞くようにします。**

これを、意識的に周囲の人に1週間するだけ！

たったこれだけで、人間関係が劇的に改善し、「あれ、わたし好かれている？」と、変化を実感できるはずです。

さらに「最後まで聞く」トレーニングを続けていくと、**質問力**や**交渉力**も身についていきます。

これが稼げるスキルの「武器」となるのです。

人から好かれる＝お金を稼げる　なんです！

人は好きな人からものを買う

↓ じゃあ、どんな人が好き？

人は自分の話を聞いてくれる人が好き

↓ たしかに！

人は自分の話を聞いてくれる人から買う

↓ なるほどね

人づき合いのスキル（聞く力や伝え方など）を高めていくと、どんどん稼げる（売れる）ようになるんです！

セールスの仕事以外でも使えそう！

人から信頼され、好かれるようになると、一生食べていけます

3つのスキルがあれば、女性は稼げるようになります！

とにかく、いろいろな要素が組み合わさっての「カセギスキル」。
たとえば売れる力や聞く力というように、すべてがそろうことで、
「稼げる」あるいは「もっと稼げる」人になれます。

だからといって、ぜんぜんむずかしいことではありません。
この本では、**「女性が稼げる！　カセギスキル」**を、
次の3つに分けて説明します。

女性が稼げる！　3つのカセギスキル
カセギスキル1．お金スキル——稼げるマインドを身につける
カセギスキル2．好かれるスキル——相手から「欲しい」といわれる
カセギスキル3．動けるスキル——今すぐ働いて稼げる人になる

え、これだけ？　と思うかもしれませんが、これだけです。
でも、この3つ、すごく大事なのは、
どれかが欠けていては稼げない！　ということです。
この**3つをすべて身につけて実践することができてはじめて、**
稼げる人になれるのです。
これ、わたしたち女性にとって、本当に大事なポイントです！

順番にお話ししましょう。
1のお金スキル（稼げるマインド）を、しっかり身につけて、
思考グセを変えます。
2の好かれるスキルを身につけるは、一生稼げるスキルとして
すごく大切なものです。

先ほど、「セールスの仕事を始めて売れるようになったら、
好かれるようになった」という話をしました。
好かれる人は稼げる！

「でもそれって、セールスの仕事だからでしょう」と、思ったら大間違い。好かれるスキルって、どんな職業でも役立つスキルなんです！

- **パートで働いていたら、正社員にならないかといわれた**
- **バリバリ働く同期よりも先に、主任に昇格した**
- **専門スキルや資格がなくても、知人の紹介ですんなり転職できた**
- **子育てでやめた会社から、「また一緒に働きませんか」と声をかけられた**
- **地域活動で「あなたがいると、みんなが笑顔になる」と感謝された**
- **フリーランスで働いているが、営業しなくても仕事が次々とやってくる**
- **メルカリに出品したら、ほかの人が出している値段より高く売れた**
- **ご近所から新鮮な野菜をもらったりと、何かとよくしてもらっている**
- **お店の人から、サービスしてもらったり、おまけしてもらったりすることが多い**

詳しくは第3章で説明しますが、こんなふうに、好かれるスキルがあると、明らかにほかの人よりも、お金に困らない、得する人生を歩めるのです。

3の動けるスキルは、その名のとおり。
女性が働いて稼げるようになるためには、「動き方」がポイントになります。
こだわりや先入観を捨てると、あなたの可能性はグンと広がりますので、
第４章でお伝えできればと思います。

ぜひとも、３つのスキル、**「女性が稼げる技術」を身につけてください。**
そして、年齢・性別・経験などの壁をひょいと越えていき、
いくつになっても、どこでも輝ける自分に、
今すぐ、生まれ変わっていただきたいのです！

だからあなたは「もっと稼いでいい」んです！

「稼げる」というフレーズを聞けば、お金を増やす方法として、
株投資、不動産、話題のビットコインなどを
イメージしてしまうかもしれません。

また、人の欲望というのは、「できれば働かずにお金が欲しい」というところにあるので、「宝くじで稼ごう！」「競馬で稼ごう！」と思ってしまうこともあるかと思います。

けれど、これで本当に稼げると思いますか？

いや、株投資のセミナーに行ってノウハウを学べば、それはそれなりに結果が出るかもしれません。知らないよりも学んだほうがずっといいからです。

しかし、これには向き不向きがあります。あと、資金も必要です。

宝くじだって、買わないよりも買ったほうがいいに決まっています。

ただし当たる確率は１０００万分の1、雷が直撃して死ぬのと同じです。

わたしのお伝えしている「カセギスキル」は、こういうものとは違います。

人から信頼されて、好かれて、一生食べていける。

人とのご縁で、稼げるようになることを目指しています。

とっても心強いですよね。

株価が暴落しても、仮想通貨の価値がゼロになったとしても、自分や家族が勤めている会社がつぶれたとしても、クジが外れても、関係ない。

自分の力で稼ぐのですから、自分でコントロールできるんです。

第2章以降で、具体的に3つのスキルについてお伝えします。

最後に、もう一度いいます。

あなたは、もっともっと稼いでいいんです！

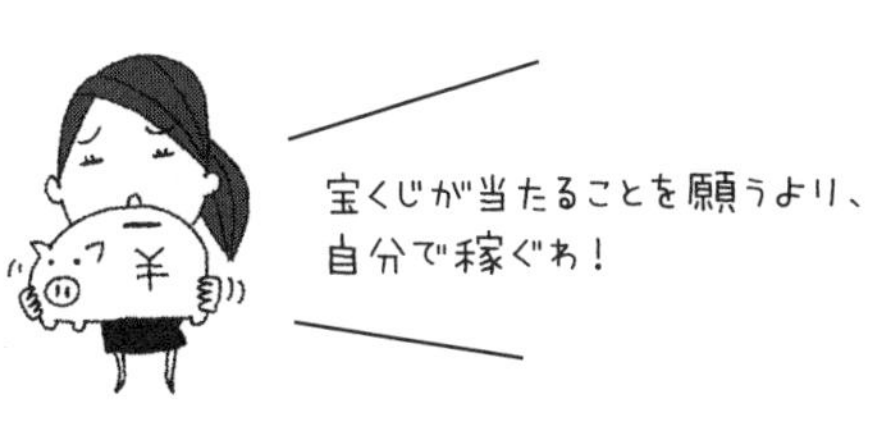
宝くじが当たることを願うより、
自分で稼ぐわ！

第 1 章　おさらい

- 何もなかったわたしが、セールスの仕事を経験して「稼げる技術」を身につけました
- 「稼げる技術」のおかげで、今は一切セールスをしていません
- 人から好かれる＝お金を稼げる

第１章　おさらい

☑ 人から信頼されると、一生食べていける

☑ 女性が稼げる！　3つのカセギスキル

1. お金スキル —— 稼げるマインドを身につける
2. 好かれるスキル —— 相手から「欲しい」といわれる
3. 動けるスキル —— 今すぐ働いて稼げる人になる

Column

稼ぐことは、本来わくわくして楽しいもの！

「お金っていろんなことをガマンしたり苦労したりしないと手に入らないものだと思っていました。でも和田さんからお金を稼ぐって、すごくわくわくして楽しいことなんだと学びました！」

カセギスキル講座の受講生が、笑顔でこんなふうにいったのです。

その言葉を聞いて、はっとしました。

「お金を稼ぐのは大変だ」「苦労してがんばらないと、お金は稼げない」

お金には、こんな先入観があるみたいなんです。

想像してみてください。今お金を稼いでる人ってすごく苦労して、毎日いつも眉間にシワを寄せている人ばかりですか？

違いますよね。

なんだか、みんな余裕があって、どこか楽しそうじゃないですか？

もちろん、詐欺まがいの方法で稼いでいる人もいるので、例外もあります。

ただ、**お金を稼ぐことは、本来は、ものすごくわくわくして楽しいことなんです。**

子どもの頃にいっぱいお手伝いしてもらった、ごほうびの100円。

すごくうれしかったはずです。「駄菓子屋さんで何を買おうかな」と思いながら、100円玉を握りしめた人。「お金を貯めてゲームソフトを買おう」と貯金箱に500円玉を入れた人。みんなわくわくしていたと思います。

この、わくわくする気持ちは、大切にしてほしいです！

稼げる技術

第2章

カセギスキル1.

「お金スキル」を身につける!

お金の超基本ルール。お金って「足す」か「削る」か「動かす」しかない

稼げる技術を身につける前に、お金の**超基本ルール**を押さえておきましょう。

お金を手に入れるまたは手元に残す方法としては、次の3パターンしかありません。

①足す（稼ぐ）
②削る（節約する）
③動かす（投資する）

企業では、売り上げは下がっているのに、なぜか利益が出ているケースがあります。それは人件費などの経費削減をしたり、ビルを売却したりして収益を上げているからです。

家庭のお金もそうですよね？
塾の費用や、お祝いの出費があれば、食費を削ったりして節約しますよね？
企業も個人もこうやって「削る」ことでお金をつくります。
3つめの「動かす」とは、投資のこと。

実際に投資で儲かっているのは全体の1割だそうです。
でも、「動かす」ことは経験したほうがいいし、お金の動きを学べるので、
株などはやってみたほうがいいとは思います。
ただし、今すぐに使わなくていい資金があれば、の話です。
ない場合は、**まずは稼いでから**ということになります。

有名な中国のことわざに
「魚を与えれば一日の飢えをしのげるが、
魚の釣り方を教えれば一生の食を満たせる」というのがあります。
まさにこれが**「カセギスキル」**です。
つまりは、

・**1000万円の貯金がある人（Aさん）**
・**1000万円をいつでも稼げる人（Bさん）**

どちらが安定しているのか？　ということです。

たとえ今お金がなかったとしても、
その人に「稼ぐ」ことができるのならば、**お金は増え続けます。**
稼げないのであれば、いくら蓄えがあっても、お金は減っていくのです。

そう、老後の不安というのは、
貯金がないことにあるのではなく、
「稼げなくなる」ということにあるのです。

お金の「超基本ルール」はこれ！

お金を手に入れる or 手元に残す方法

1. **足す（稼ぐ）** — まずはここから！
2. **削る（節約する）** — 限界がある
3. **動かす（投資する）** — 「元手（お金）」がないとできない

1000万円の貯金があるAさん

ここから
減っていく一方・・・・
1000万円

1000万円をいつでも稼げるBさん

ここから
どんどん増やすぞ！
1000万円

今お金がある人より
今も未来もお金を稼げる人に！

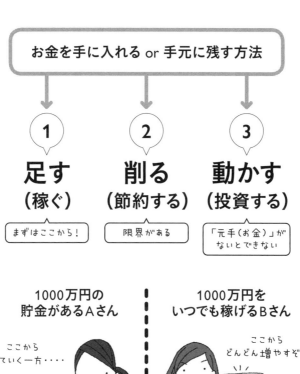

お金は「3つの窓」から出ていく。あなただったら、どの窓を開けますか？

お金は**3つの窓から出ていく**んです。
それが**消費と浪費と投資**です。
家賃とか食費など、ぜったいに必要なもの、生きていくために使うお金は消費です。競馬、カジノなどのギャンブルなどが浪費。
そして未来のために使うお金が投資です（おおまかにいうと）。

さて、稼げる人って、3つのどの窓が大きく開いていると思いますか？
はい、これもう説明はいらないかなと思うのですが、
やっぱり**「投資」**なんですよね。
そして、稼げない人が大きく開けているのが**「浪費」**。
消えてしまうだけのお金（浪費）と、大きく増えていくお金（投資）。
使い方によって、未来も大きく変わっていきます。

なにもすべての浪費を否定するつもりはありません。

ただ、稼ぎ続けるためには、**明日の自分、１年後の自分、５年後の自分が、今日より成長して今より人の役に立てる存在になっているか？　歳を重ねた自分が、さらに社会から必要とされる存在になっているのか？**

と考えて、お金を使う習慣を身につけていってもらいたいのです。

わたしはいつもお金を使うときに**「これは未来の自分に役立つ使い方かな？」と自問する**ようにしています。

本を読むことは未来に役立つので積極的に投資しますし、体にいいといわれている**マヌカハニー**などはけっこう高いものを購入しています。これも、未来の身体づくりとして、わたしにとっては**投資案件**です。

あと**アンティークの家具**。何十万円もする３００年前のフランス製のタンスなどを買ったりしますが、これも実は投資。

長く使えるし、見ていてずっとわくわくするからです。それにアンティークで価値のあるものは、使い込んだとしても、古くなればなるほど価値が上がるので、

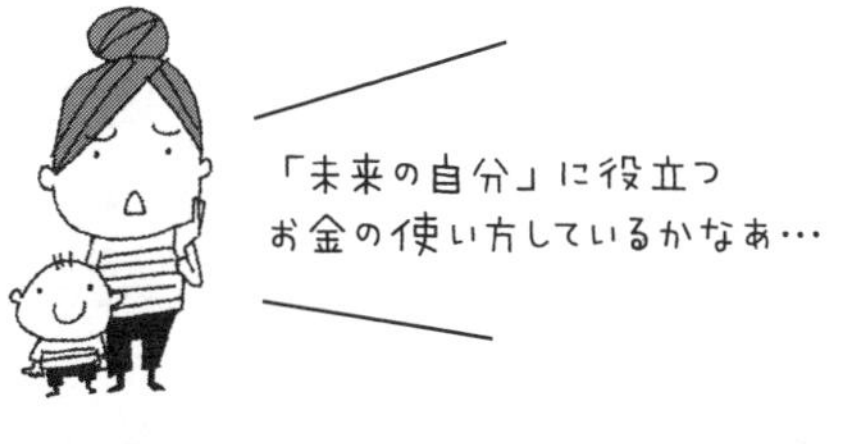
「未来の自分」に役立つ
お金の使い方しているかなぁ…

高く買ってもらえることがあるんです。

また、わたしの場合、20代に何千万円も稼いでいたので、大きな部屋に住んで、ブランドものをいくらでも買えたわけですが……そんなことはしていないんです。

その代わり、広めのワンルームマンションを買って、自分でそこに住みました(そのマンションは3年でローンを完済して、今ではオーナーとなって家賃を毎月もらっています)。

あとは**部下にごちそう**したり、**旅行**で経験値を増やしたりというお金の使い方をしていました。部下がやる気を出してくれたら、それはそれで投資です。

経験が増えたら、セールスでもトークが変わります。

結果的にこれも**投資**ですよね。

ときどきブランドものも買うわけですが、たとえば25万円くらいの高級ブランドバッグなどを欲しいなと思ったとしても、いったん「何年使うかな?」なんて自問して、「1年でシーズン終わって飽きるかも……じゃ年間で25万円かかったことになるから高いな」と判断すると、それは買わないんです。

でも、「10年もつ、いやこれなら死ぬまで使える!」と判断したら、たとえその品物が**100万円だったとしても買う**のです。

「月いくら」で考えると、一生もののバッグに
100万円は高くないかも!

１００万円は高いけれど、それをたとえば20年使ったら、1年の使用料金は5万円だな……。そんなふうに考えると、わたしにとってこの場合の１００万円は価値が高いんです。

それにしても……なんだか、ケチくさいわたしの脳内をさらけ出したみたいで恥ずかしいのですが、こういうお金の使い方って、最近まで普通だと思っていたんです。


でも「カセギスキル」で授業をするようになってから、「あれ、みんなそんなふうに考えてお金使わないのかな!?」と、気づいたんですよね。

そしてこれって、**大きな差かも**しれないって思ったんです。


お金を稼ぐとあっというまに使ってなくなってしまう人、多いんです。

お金をもつと、わけがわからなくなってしまうみたいです。

「稼ぎ続けたい」と思うのならば、お金を使うときは**なんでも投資として考えるクセ**を今から身につけておくと、**未来にお金を稼げる使い方**ができるようになります。

バッグに100万円は高い！
でも「20年使うなら毎月4200円くらい」
という考え方も

お金のイメトレ①

使い切ってもお金がまた入ってくる「魔法のサイフ」をイメージする

繰り返しますが「お金がある」ことはすごく大事ですが、
当然ながら、お金は使えばなくなってしまいます。
もっと大事なことは、「使っても使ってもお金がなくならない」ということ。
つまりは**「稼ぎ続ける」**ことです。
なくならない、そして増え続ける……ってなんかいい響きですねえ。

さてここでちょっと想像してみてください。
あなたは魔法のおサイフをもっています。
そのおサイフには、**いつも3万円が入っています。**
1万円使ってもまた1万円増える。
3万円使い切ってしまったと思ったのに、また3万円入っている。
その**3万円は、ぜったいになくなりません。**

童謡で、ポケットをたたくと1つ、2つ、とビスケットが増えていく。そんな「ふしぎなポケット」が欲しいなという内容のものがあったと思います。

まさにこれを、ポケットをおサイフに、ビスケットを1万円にして歌ってみてください。さらに、「ふしぎな」ではなくて、「マジ」に可能だったら……。

そんなおサイフ、ぜったいに欲しいですよね?

とはいえ、何もしないで寝ている間にお金が増えているということは、まずありません。でも、稼げるネタを自分で見つけて稼げる手段をつかんで稼げるようになれば、これは夢でもなんでもないのです!

お金があることによって、どれだけのイライラが減るでしょうか?

どれだけの不安がなくなるでしょうか?

いつもサイフに3万円あるだけで、

どれだけ自由になれるかを考えてみてください。

まずはあなたが、使ってもなくならない3万円が入っているおサイフをイメージすることです。

ます。

が、その金額が見えやすいスタート地点の人もいれば、そうではない人も多くい

よく、「年収1000万円を目指せ」とか大きなことを目標にする人もいます

なぜ、あえて3万円といったのか、説明しますね。

そう思った人がいるかもしれません。

「3万円？　わたしはもっと稼ぎたい！」

ましてや、自分で稼ぐことのない人であれば、「いいなあ……」と

思うことはあっても、なかなか現実的なイメージに結びつかないはず。

だからまずはしっかり3万円をイメージしましょう。

そしてもうひとつ、大事なことをお伝えします。

お金って、積み上げていくものなんです。

月3万ずつ貯金したとしたら、3年で100万円になります。

100万円あれば、使い道もグンと広がります。

3万円を稼ぎ続けるって、こんなふうにイメージすると、

すごいことだと思いませんか？

月3万円で人生が変わる!

月3万円ずつ貯金

↓

3年で100万円の貯金

↓

100万円あれば人生の選択肢が増える

- 資格取得でキャリアアップ
- 資産運用で効率的に増やす
- 住宅ローンの繰り上げ返済

安心、自信、やりがい。
得られるものの価値はプライスレス!

お金のイメトレ②

あなたのサイフに100万円を覚えさせる!

わたしは、風水的なことも案外好きです。

なかでも「サイフ」に関してはかなりの信憑性があると思っていて、もう何年も前から実行していることがあります。

それは、**長財布を使う**こと、そして**小銭入れを別に持つこと**です。


20代の頃は、「こんなことで、お金持ちになれるのかなあ……」と、半信半疑でやっていたのですが、
本物のお金持ちの方と接するようになり、気づきました。

お金持ちの方が持っていたのは、やはりほぼ長財布だったんです。

とにかく、領収書でパンパンになっていたり、破けていたり、汚れたりしているような、

「残念なおサイフ」を持っている人がいないのです!

それだけではありません。
お金持ちの方のほうが、**ていねいに、きれいに、お札をしまっている**のです。
たたんであったり、角が折れたりすることなく。
そして**清潔**なのです。

だから「カセギスキル」の講座でも、
「長財布に変えたほうがいいですよ」とアドバイスしています。
でも、おサイフぐらいで……と思いますよね。はい、たしかに。
長財布に変えただけでは、稼げるようになるとは思えません。
ただ、**サイフの使い方はお金の使い方に連動する**ので、
１００％関係ないともいい切れないのです。
講座では、**「サイフにお金を覚えさせる」レッスン**もおこないます。
あらかじめ、わたしが**新札で１００万円**を用意しておきます。
あの、**白い帯（帯封）がかかっているやつ**です。
それをみなさんのサイフに一度入れてもらって、**写真を撮る**のです。
「わたしのサイフには、これくらいのお金が入っていてもいいんだ！」と、

イメージできるようにするためです。写真があれば、いつでも思い出せます。

みなさんは、**自分のおサイフに大金が入っているイメージはありますか？**

「イメージできないなあ」というのであれば、稼ぐイメージも小さくなるので、ぜひ、預金を引き出すなどして、このワークをやってみましょう。


何年か先には、日本はもっとキャッシュレス社会になり、現金を持ち歩くことがなくなるかもしれません。

そうなると、お金が入ってくる実感も、お金が出て行く実感も、だいぶ薄らいでいくでしょう。

だからこそ、今のうちに、
お金に対する「リアルな感覚」を持つようにしておくのです。

たったこれだけで、あなたの**お金センスは確実に磨けます！**

「サイフにお金を覚えさせる」レッスン

新札100万円を用意

↓

**自分の長財布に入れて
写真に撮る!**

「わたしのサイフには
100万円入っていてもいいんだ!」と
リアルにイメージできるようになります!

お金があったら何がしたい？「何のために稼ぐのか」をはっきりさせる

「お金が欲しい」という気持ちと、
「お金を稼ぐ」という気持ちは、
似ているようで、ちょっと違います。
「お金が欲しい」というのは、待っているイメージ。どこか受け身です。
「お金を稼ぐ」は、自分から何か行動を起こす、能動的なものです。

そう、**自分から動くということは、**
自分の動き方次第で、思っている以上に
大きなお金を手にすることもある、ということ。
そこで、**毎月の「入ってくるお金」**と**「出ていくお金」**から、
より具体的にイメージしていきましょう。
まずは、ぜったいにかかるお金（生活にかかるお金）を計算します。

家賃（家のローン）、食費、光熱費、日々の消耗品、
交際費、病院、子どもにかかるもの、ペットにかかるものなど。
まずは今、最低限必要な金額はいくらですか？
家計簿をつけている人ならすぐに出てきますよね。
「いくらだろう？」と、このあたりアバウトな人も多いはず。

さて、**あなたが稼ぎたい金額は、**
最低限必要な生活費のため「だけ」でしょうか？
もっと自由にイメージしてみましょう！

稼ぐというのは、
もっと自由なお金が使えることです。
旅行に行きたい、学校に行きたい、エステに行きたい、
お店を開きたい、子どもの夢をサポートしたい。
もっと広い家に住む、もっとおいしいものを食べる。
生活のグレードを、ひとつひとつあげていくこともできます。

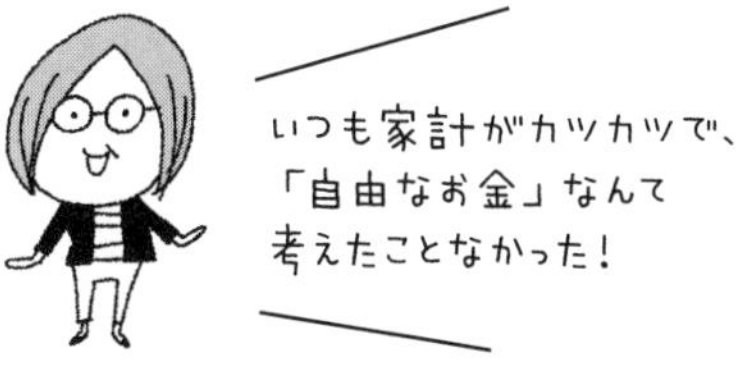
いつも家計がカツカツで、
「自由なお金」なんて
考えたことなかった！

こうした**「夢投資」にお金が使えるのが、**
稼ぐことのすばらしいところなんです。

「生活費のため」や「家計を助けるため」も、もちろん大事。
でもそれだけで完結してしまうと、
「最低これくらいあればなんとか……」と、制限がかかってしまいます。
すると不思議なことに、それ以上は稼げなくなり、
せっかくのあなたの「稼ぐパワー」もダウンしてしまいます。
ビジネスでは、新しい事業を育てるために投資をしますよね。
あなたもそう。
あなたの輝く未来のために稼いでほしいのです。
お金のことをあまり心配しすぎないほうが、うんと稼げるようになるのです。

「夢投資」のことを考えると、わくわくしませんか？
なぜかというと、
今までずっと「お金がないから」とあきらめていたことが、

「夢投資」には、いっぱい詰まっているからなんです。
さっそく、生活費以外の、「夢投資」の金額を書いてみてください。
そうしてようやく、あなたの「稼ぎたい金額」が出てきます。
生活費＋夢投資＝　　　円（計算して、書いてみてくださいね）
これがあなたの「稼げる金額」なのです！

稼ぐことがしっかりイメージできていないうちは、
「最低これくらいあれば生活できる」という、生活費の部分しか出てきません。
それは心の中にある、自分で勝手に決めた「この程度」という金額設定です。
「夢投資」をイメージし、あなたの「稼げるリミッター」を外すことで、
「ああ、稼ぐって、わくわくするものなんだ。どんな可能性も未来にあるんだ」
とわかってくると、自然と行動も変わってくるのです。

未来のお金（収支）を明確にすることが、
「稼ぐ」ということを考えるうえで、ものすごく重要なのです。

あなたの可能性も
あなたの「稼げる金額」も、
本当は上限なんてないんです

稼げる自分に変わるために、「自分のためにやる!」と決める

少し話題が変わります。

あなたは、本のタイトルにある**「稼げる」**という3文字に、何かしらの可能性を感じて手にとってくれたのですよね。

であれば、本当にうれしいです。

あなたは、とても向上心がある**がんばり屋さん**なのだと思います。

だからこそ、お伝えしたいことがあります。

どうかあなたは、**「あなた自身のため」に稼いでほしい**のです。

優秀な人、やさしい人、責任感が強い人ほど、サービス精神旺盛です。

周囲の人たちのために、つい自分を犠牲にしてしまうことがあります。

だから、自分のためというよりも、「誰かのために」といわれたほうが、なんとなく「がんばろう」って思えるのではないでしょうか?

もちろん、その気持ちもとっても大事です。
だけど**本当の幸せって、自己犠牲の上にあるものじゃない。**
そう、わたしは思っているんです。
あなたが笑顔になって、周りの人たちも笑顔になる。
それがこの本の目指すところです。

とくに専業主婦歴が長い人は、ダンナさんのため、子どものため、親のために身を削ることに慣れっこなので、ごく自然に、自分を犠牲にしてしまっています。自分の時間など1日30分もなくて、ゆっくり1杯のコーヒーを飲む時間すらない状況。もしかしたら、稼げる技術を身につけようと考えたのも、家族を思ってのことなのかもしれませんね。
親と同居している人や、ご家族の介護をしている人も、似たような状況かもしれません。
そんな心優しいあなたにいいたいことは、
今日から**自己犠牲を捨ててほしい**ということなんです。

わたしが笑顔になれば、
みんな笑顔になる。そうよね!

毎日の「よかった」探しを習慣にする

お金を稼げることは、人生を確実に明るい方向に向かわせてくれます。

でも、なにもお金だけのことをいっているわけじゃないんです。

心が豊かになって人に優しくなれて、悩み事が少なくなって、向上心も出てくる。

お金の心配がなくなったあとに、そういうことがどんどん起こってくるのです。

稼げるようになるってことは、自分もそして周囲も大事にするということなんです。

だから、本気で向かってみてください。

行動することなしには、何も変わりません。

とはいえ、わたしのこの言葉に対して、「動かなきゃなのか……」と、ちょっとこわくなった人もいますよね？

でも、それでいいんです。

「そう思ってしまう自分が今いる」ことを知ってください。
その上で、今までその「こわい」と思う気持ちが原因で、
一歩前に進めなかった「過去の宿題」も思い出してみてください。
前に進んでみたら、こわいことはなくなります。
失敗してもミスしてもいいのです。
新しいことにチャレンジしたのなら、最初から完璧なほうがおかしいです。
ミスをしたということは、それだけ**行動した**ということ。
そして自分のなかで経験値が増えて、
次のチャレンジのときに生かせるようになるんです。

第1章で軽く触れましたが**「陽転思考」**という考え方があります。
わたしはこの思考法で、売れるようになって稼げるようになったのですが、
やはり、「カセギスキル」を身につけてもらうためには、
自身の土台となる「考え方」を整えていく必要があるのです。
陽転思考は、カセギスキルを身につける上ですごく大事なものなので、
はじめてわたしの本を読んでくださった人はもちろんのこと、わたしの著書を

読んだことのある人にも、あらためてお伝えしたいと思います。

わたしは、何もないところからセールスのお仕事を始めたまではよかったのですが、お客さまに断られたり、思うように結果が出なかったりしたときに、かなり落ち込んで、「もう無理だ」「もうやめたい」と思うようになりました。けれどそんな気持ちでは余計に結果が悪くなるし、お客さまにも失礼です。だから、なんとかその負の連鎖から抜け出したいと思い、

意識的に**自分の意識を明るい方向に向かわせるようにした**のです。

それこそが、わたしが今多くの人に伝えている

「陽転思考」という考え方のスタートでした。

落ち込んで寝つけない夜に、

「でも、あの人はいいお客さまだった」

「ランチは安くておいしかった」

「あいさつをほめてもらえた」など、

その日の小さな幸せにフォーカスしてみたのです。

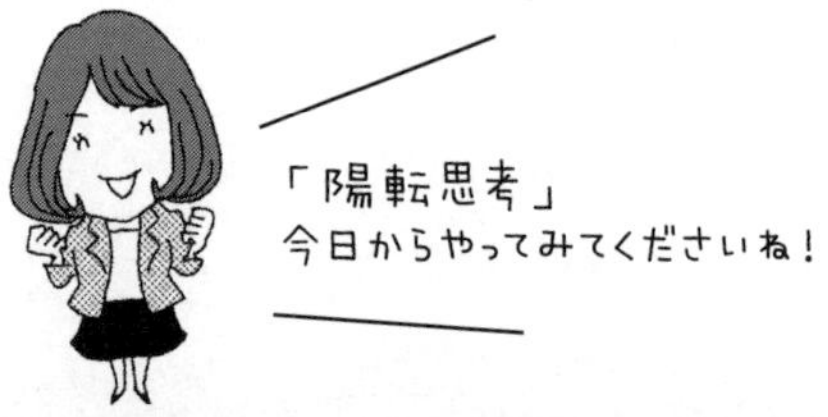

そうして無理やりにでも

物事のいい側面を見るようにしたら、どんどん結果がよくなっていったのです。

その後、もっとわかりやすくやりやすい方法で、陽転思考を伝えています。

具体的に何をすればいいかというと、

今日の「よかった」探しをすることです。

それがたとえマイナスのことであっても、

「よかった」といってみて「なぜ？」を探すと、頭がプラスの意識になっていきます。

たとえば、

「今朝は雨が強くて電車が遅れたけれど、時間どおりに出社できてよかった」

「苦手な先輩と目が合って緊張した。でも、元気な声でおはようございます！　とあいさつできてよかった」

「いつもは、午前の訪問は１件だけど、今日は２件も回れてよかった」

「社内会議で物おじせずに、自分の意見をいえてよかった」

こんなふうに、オセロの駒をひっくり返すのです。

また、ときにはこんなこともあるでしょう。

「契約書類のお客さまの名前を間違えて書いてしまった」

ミスしてしまった……落ち込みますよね。

失敗したときこそ、「よかった」を探すのです。

「そういえば、事前に上司に書類を見てもらったおかげでミスに気づけた。

上司には怒られてしまったけれど、修正した契約書をお持ちできたので、
お客さまには迷惑がかからなかったのでよかった」

感情的になってしまうと、「上司にミスを叱られた」というイヤな気持ち、
落ち込む気持ちだけが残ってしまいます。

しかし、こんなふうによかった探しをすると、

「お客さまに迷惑がかからなかった」という**事実に気づける**んです！

なんだか性格も変わってきそうでしょ？

ここが一番大事なポイント。

再び同じようなミスをしないために、「次からは、上司チェックの前に、お客さまのお名前だけは指差し確認しよう」などと再発防止策が見つかれば、
仕事をする上で、また新しい学びを得たことになり、

本当だ！
いつも落ち込んでばかりで、
よかった事実に気づけていなかったかも…

転んでもただでは起きない、得する人になれるのです。

これは今日からできます。
さっそく新しい「よかった」を見つけて、どんどんメモしてみてください。
昨日つぼみだった花が咲いたとか、炎天下で木陰を見つけたとか、
卵を割ったら双子だったとか、**小さな幸せを意識して探して**いくのです。

嫌なことがあったら「よかった」といってから、「なぜ?」と自分に問う。
そこからまた、**幸せのネタを探す**んです。
事実を変えることはできませんが、受け取り方は変えることができます。
そういう思考回路が定着してくると、幸せ感度がかなり上がってきて、
軽々と試練を乗り越えられる心が身につきます。
「よかった」の数だけ、あなたは成長していくのです。

カセギスキルの受講生はもちろんですが、セールス、話し方など、
わたしのさまざまなセミナーに参加くださった人たちが、そろっていうんです。

今日から、幸せのネタ探し、
やってみよう!

「陽転思考を身につけて、本当によかった！」

あらゆるスキルを身につける際に、どんな考え方や態度でそのスキルを学ぶのか、**「学ぶ姿勢」がとっても大事**なんですね。

陽転思考を身につけていると、素直に学べるようになるんです。
素直に学べる人は、どんどん成長していきます。
成長する人には、たくさんのチャンスがやってきます。
マインドセットを変えるって、本当に大切なことなんです！

今すぐ仕事を始めるわけではない、という人も、
ぜひ毎日の「よかった」探しと「よかった」記録をおすすめします！

Column

お金に苦労しない人生を送るコツ

お金に苦労しない人生を送るコツ、知りたくないですか?

コツは、お金の性格を真に理解し、上手にお金を使う能力を養うことです。

「お金に性格がある」なんて変ですよね。

実はお金は、お金のことを愛してくれる人のところに好んで寄っていくといわれています。世の中にいるお金持ちや資産家とはどういう人だと思いますか。お金のことが大好きで、お金を大切に扱う人です。

お金は、お金に不安がないところに集まるという性格なので、心の中で思っていても、「今月の支払いどうしよう」「ローンがまだこんなに残ってる」なんてことは口にしないほうが、お金には好かれるのです。

紙幣の「幣（ぬさ）」という字は、罪やけがれを払うために神前に供える布、神に捧げるものという意味があるそうなんです。


また、お祓いの「祓う」という字はお金を「払う」と同義語であると聞いたことがあります。

つまり、お金を稼ぐためには、お祓いする気持ちでお金を払って、神に捧げる気持ちで投資をする。この2点がとても大事なんですね。

また、人は「奢（おご）る星」の人と「奢（おご）られる星」の人がいるといわれています。もらってばかりの人、すなわち「ください」の人は文字通り人生も下っていき、与えてばかりの「あげます」の人は上がっていきます。

「わたしの能力をあげます」「わたしの人脈をあげます」などと人に与え続けていける人は、豊かな未来が切り開けるのだそうです。

第2章　おさらい

- お金の「超基本ルール」を知る

- お金って「足す」か「削る」か
「動かす」しかない

- お金は「3つの窓」
①消費 ②浪費 ③投資から出ていく。
だから③投資を意識してお金を使う

- お金のイメトレ①
使っても常に3万円入っている「魔法のサイフ」
をイメージする

第2章 おさらい

- お金のイメトレ②
自分のサイフに100万円を覚えさせる
- 生活費＋夢投資＝稼げる金額を計算する
- 今日から自己犠牲をやめて、
自分のためにやる！
- 毎日、「よかった」探しをする

稼げる技術

第3章

カセギスキル2.

「好かれるスキル」を身につける!

「同性に好かれる」と、一生食べていける！

好かれる力を磨くと稼げるようになると前述しましたが、この章では、**稼ぐための「好かれる力」**について、もう少し掘り下げていきます。

「好かれる」イコール男性からモテるというイメージが少なからずあると思います。

でも、ここでは同性や異性など関係なく、

「人として」好かれる人になることがゴールです。

だから、かわいく男性に甘える系ではありません（笑）。

もちろん、男性に甘えて人気を得たり、お金持ちと結婚したり、別の稼ぎ方もあると思いますが、それには年齢という「賞味期限」があります。

自立というテーマから考えても、一生食べれるスキルにはならないのです。

とくにセールスの世界では（売るものによって変化はしますが）、

財布のヒモを握っているのは女性だったりします。

買い物が好きなのも女性だったりします。

そう、お客さんである**「女性」から好かれることが、何より大事**なんです。

えっ？　でもやっぱりわたしモテたいですって？

ふふふ、それも大丈夫です。

人間的に「好かれる」人は、いくつになっても、見る目のある人から愛されますので、結果的にすべて勝ち取れます。


「じゃあ、何をすればいいの？」と思うかもしれませんね。

とにかく、**女性に嫌われることを「しない」のがルール。**

たとえば

- 同性と異性の前で態度を変えない
- 困ったらすぐ泣くのをやめる
- やたら露出の大きな服を着ない
- 女の見栄を張らない（マウンティングしない）など、です。

要は、**自分がイヤだと思うことをしない**ことです。

セールスの仕事は今、ものすごくチャンスです！

女性が経験もコネもなく、稼げるステージに立とうとするのなら、わたしはやっぱり**「セールス」の仕事をおすすめします。**

学歴も年齢も関係なく、平等にチャンスをもらえるから。

実力主義というのは、がんばった分お金がもらえるということだから、**男性以上に稼ぐことも可能です。**

主婦の方なら、接客業も「セールス」なので、接客のパートさんからスタートして、**自分を磨いていけばいい**のです。

キャリアのある女性なら、今までの知識を生かして、思い切ってセールスや営業職に挑戦してみると、**より大きなチャンスをつかめる**可能性があります。

会社をやめて、個人事業主になってもいいわけです。

さらに、主婦でも、キャリアのある方でも、
今まで培ってきたコミュ力を生かせるので、
経験がなくても、実はゼロスタートではないのも、いいところ。
売上数字で会社にアピールできれば、パートから社員登用の道もあります！

現実問題として、事務の仕事は人が殺到して、
経験やスキルもなく、年齢も重ねていたら、ほぼ採用は厳しい。
それなのに事務職って、ＡＩに取って替わられる仕事ナンバー1なんです。

でも「セールス」の仕事は違います。とにかく求人が多い。
なぜなら、**人に好かれて選ばれる「人間力」の仕事だから。**
ＡＩに取って替わられることなく、一生食べていけるのです。
さらにいえば、**経験を重ねるほど、スキルアップする**のもセールス。
だから、大企業は次々と、セールス職の定年を延長したり、
再雇用時もあまり給料が下がらないよう制度を変えたりと、
経験者を優遇し始めています。

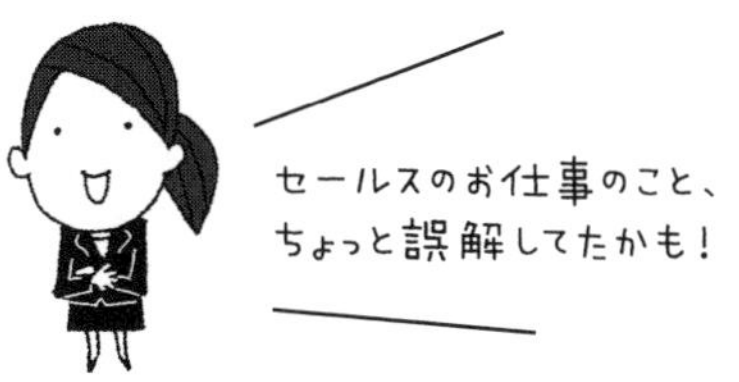
セールスのお仕事のこと、
ちょっと誤解してたかも！

セールス経験者って、それほど価値ある人材なんです。
定年のない職場もたくさんあります。
だから、今すぐセールスをやったほうがいいんです。
でも、残念なことに、セールス未経験の方が多いのか、
ハローワークの人は、こうした魅力をほとんど知らないようです。
そのため、こんなおいしい話なのに、
「事務職希望です」と来た人に、
ちゃんとおすすめできていなかったりします。
すごく、もったいないことだと思います。

もうひとつ、多くの人が誤解していますが、
好かれると売れるって、両立するんです。
だって**「いいもの」をおすすめして、なぜ嫌われるのでしょうか？**
仕組みは単純です。
どんなに「いいもの」であっても、自分がまったく欲しくなければ、「いいって
わかったけれど、（わたしは）いらないです」となるんです。

だから、一生懸命お客さまに商品の説明をして「買ってもらおう」としても、しつこくてウザいと思われてしまうのです。

自分から「買ってください！」とお願いするものではないんだと。
相手から「買いたいです！」といってもらえることが何よりも大事。

こうなると、嫌われることなんて決してないのです。
むしろ感謝されまくります。

「ありがとう！　こんないいもの紹介してくれて」といわれます。

「相手から『告白される』お仕事なんだ」

このことを知ってから、わたしの営業成績はぐんぐんと伸びて、どんどん楽しくなったのです。

「好かれる人」が必ずもっている2つの力を手に入れる

好かれる（売れる）って、ぜんぜんむずかしいことではありません。
この2つができるようになれば、いいんです。

①相手の話を、とことん聞く力
②「幸せな決断」をサポートする力

この2つって、一言でいうと、
相手の心を開いて、相手の心を動かす
ということなんです。

人は誰しも、自分の話を聞いてくれる人、
自分に興味をもっている人に好感を抱くもの。

そして、人は自分の話を聞いてくれる人に、**心を開いてくれるのです。**

だから、①**相手の話を、とことん聞く力**が重要なのです。

そして2つめの②**「幸せな決断」をサポートする力。**

この後で詳しく説明しますが、

「幸せにつながる決断」をサポートするのが、セールスのお仕事です。

決断とは、未来への一歩です。

先ほど、お客さまから「買いたいです!」といわれるようになったら感謝され
まくり、というお話をしましたが、これってお客さま自身が「幸せな未来」をイ
メージできたから踏み出せた一歩なのだといえます。

もちろん、**相手だけでなく、自分も幸せになる**ことも、すごく大事なことです。

この2つができるようになれば、誰だってすぐに「売れる人」になれるんです。
そして、いうまでもなく、この2つの力がある人は、
どこにいっても、好かれます。
職場の人たちからも、頼りにされます。
次のページから、さっそく実践してみましょう!

前のめりになって聞く、具体的なやり方はこう！

売れる人がもっている力、**①相手の話を、とことん聞く力。**

これはまさに**聞き上手になる**ってことです。

とにかく、**熱心に、前のめりになって聞く**のです。


ここでやることは、**ヒアリング**と**リアクション**です。

具体例をあげて説明しますね。


（お客様がギフト商品を探して、商品を眺めている様子）

「そちらのエプロンのギフト、すごく人気なんですよ」

「あ、そうなんですね」

「はい、でも受け取る方のタイプによっては、好みも分かれますが……。

ちなみに、どなたかにプレゼントですか？」

「はい、実家の母に」

「そうなんですね（うれしそうに）！　お母さまなんですね。お誕生日ですか？」

「ええ……（照れくさそうな笑顔で）、でも何がいいかわからなくて……」

「わかります～。わたしも母にプレゼントを贈ろうとすると、『何もいらないわ』というんです。何がいいかわからないですよね？」

「そうなんです」

「はい、でもきっとどんなものを贈られても、お母さまは喜ばれると思います。結局は、物以上にその行為がうれしいみたいですよね。このエプロンすごく人気で、すてきですよ、エプロンはいくつあってもいいし。家でもおしゃれができるのはエプロンですからね。いくつか色違いもありますので、お見せしましょうか？」

「はい、お願いします」

「ちなみにお母さまは、好きな色やよくお召しになっている色などありますか？」

「いや、たぶん地味な色ばかりで……」

「そうですか。それなら少しだけ冒険されてもいいかもしれませんね。わたしもお選びするのわくわくします。お母さまの喜ばれる笑顔を勝手に想像してしまって……（笑）」

と、このように、

・**今日はどんな目的、またはどんな気持ちでお店に立ち寄ってくださったのか、どんな悩みを抱えていらっしゃるのか、ていねいに耳を傾けます**

・**身振り手振りで体を動かしてリアクションします**

・**相手の目を見て「ええ」「なるほど」「そうなのですね」「よくわかります」などとあいづちを打ち、共感しながら、前のめりでうなずきます**

・ときには**驚いたり（『へえ〜〜』）、笑ったり、一緒に悲しんだり（残念そうな表情）する**ことも必要です

・**「年上の男性への贈り物ですか、たしかに悩んでしまいますよね……」など、「わたしも同じです！」と共感します**

・終始、**楽しそうに話します**

残念ながら自社商品ではむずかしい。でも、他社商品であれば解決できるかもということであれば、**正直に、そのように案内したほうが親切**です。

「もう少し高級感があるものでしたら、下のフロアの○○というブランドのもの

のほうが、ロゴも入っていますし、安心かもしれませんね」

「そんなことしていたら、競合他社にお客さまを取られちゃうじゃない！」

「上司に怒られそうでこわい……」こんなふうに思う人もいますよね？（笑）

でも、お客さまに**好かれて信頼されることが何よりも大事**です。

なので、ここではもう、目先の利益を追わないことです。

他社商品をご案内することで、

「この人は真剣にわたしのことを考えてくれている」というのが伝わるのです。

実際、こういうアドバイスをした場合、「やっぱりあなたから買います」となるケースがほとんど。たとえそのときは、別のお店で買ったとしても、そのお客さまは、次はあなたのお店で買いたいと思うはずです。

あるいは、「あのお店の○○さん、すごく親切だから相談してみたら？」などといって、友達を連れてきてくれるのです。

ポイントは、他社商品を紹介した後に、「毎日ジャブジャブ洗濯して使うものでしたら、ウチのこの商品のほうがコストパフォーマンスはいいので、そのときはぜひ！」と、**さりげなく自社製品もアピールしておく**こと。

情けは人のためならずという言葉のとおり、よいおこないをすればよいことが返ってくるのが世の常です。しかも、それが**お客さまの幸せを心から願っての行為**であれば、それ相応か、もっと大きな「いいこと」が、後々訪れるはずなのです。

誰だって、何かしてくれた人にはお礼がしたくなるもの。
それはお客さまも同じなのです。

「今度は普段使いのものが欲しいから、ここで買おう」

こんなふうに、**お客さまがお礼をしやすいよう、アピールする**のです。

さっそく今日から、たくさんのお客さまを幸せにしちゃいましょう。

ちなみにこの2つ（ヒアリングとリアクション）、職場やご家庭でも使えるスキルです。

ぜひお試しください！

お客さまの心を開く2つのアクション

1. ヒアリング
2. リアクション

熱心に
前のめりになって
聞くのがポイントです!

×の例

お店の人が一方的に
話してしまっている

○の例

お客さまのお話に耳を傾け、
うなずいている

**聞き上手になって、お客さまに好かれて
信頼される人になりましょう**

たしかに、話を聞いてくれる人のほうが
親身になってくれているような気がするわ

共感されるための「相手目線トレーニング」

相手の話を、とことん聞く力がある人って、会社組織にいても、当然、**人間関係がうまくいく**ものです。

先ほどのヒアリングとリアクションが上手な人は、「相手目線」で行動するのが上手です。

仕事や組織は助け合い、思いやりで成り立つものですから、**相手を上機嫌にさせる言葉選びができる人は、やっぱり好かれます。**

しかしこれ、急にやれといわれてもなかなかむずかしいですよね。

日常生活から「相手目線」に立つトレーニングが必要なのです。

相手との距離をグッと縮める伝え方といえば、**「共感」**です。

「あ～そう思っていたの」「わかる～同じ～」などと、共感が生まれると、人との距離は一気に近くなります。

日常に限らず、これは仕事でもかなり生かせるので、セールスや「カセギスキル」講座では**「お客さまの悩みを１００個想像するトレーニング」**という形で体験してもらっています。

たとえば、「あなたはダイエット食品を扱う仕事をしています。では、やせたい人の心の声を、想像して言葉にしてください」という課題に答えてもらう。

・ああ、ビキニが着たいなあ
・ぎゃ～３年前のスカートが入らない
・食事制限なんてムリだわ
・このままだと同窓会に行ってもわかってもらえないかも……
・モテたい、とにかくモテたい
・体が重くて、動きにくい
・ジムも続かないしなあ

このような心の声を100個書き出します。

そしてどんな言葉をかけたら、相手の心が動くのかを考えてもらうのです。

そうすれば、単刀直入に「やせたいですか？」と聞くのではなく、**「やせたいとは思いつつも、ジムも食事制限も続かないし……と思っていませんか？」**といった具合に、声をかけることができるようになります。

「たしかに、そうなんだよね～」と、より深く共感してもらえるのです。

こんなふうに、**相手の心をギュッとわしづかみにする言葉**が使える技をもっていると、今後すごく役立ちます。

これって、コピーライターなどのクリエイター職の人たちが商品のキャッチコピーを100個以上書き出して広告をつくる作業とまったく同じなんです。

売れるコピーを書ける人も、売れるセールスをしている人も、稼げる人は共感を呼び起こすのがうまいんです。

共感される言葉を生む「相手目線トレーニング」

やり方

相手（お客さま）の心の声を想像して
100個書き出す

例

やせたい人の心の声

「ビキニが着たいなぁ」

「ぎゃ〜3年前のスカートが入らない」

「食事制限なんて無理だわ」

「モテたい！　とにかくモテたい！」

「体が重くて、動かない！」

「ジムも続かないしなぁ〜」

トーク

昔買ったスカート、
ジッパーの上がらないもの、ありませんか？

リアルな言葉がけで、より深く共感してもらえます

ものを売らずに「幸せな未来」を売る人になる

好かれる人、売れる人、稼げる人がもっている力②の**「幸せな決断」をサポートする力**。
これはすでにもっている人が多いかもしれません。

わたしの姉は専業主婦ですが、
姉は**わたしにとっての「ナンバー1セールスウーマン」**です。
お得意様は、わたし。

姉はこまめにインテリアグッズ、電化製品などをチェックしては試してみるという、好奇心旺盛な人です。なので、あたりまえのように周囲の人に「これ、よかったよ！」と、すすめまくっています。
わたしの家にも姉が「いいよ」といった便利グッズやトースターなどが、どんどん増えているのです。

もちろん、姉は、収納グッズ会社の回し者ではないし、トースターメーカーからマージン（手数料）が入るわけでもありません。

ただ**純粋に、自分がいいと思ったものを伝えるのが好き**なのです。

これもやっぱり**セールスカ**です。

こんなふうに、ほとんどの人は、知らず知らずのうちに、普段の生活のなかで、**仕事の一部を経験**しているのです。

とはいえ、「純粋に伝えるのは好きだけど、それが仕事になってしまうと抵抗があるなあ。だってわたしが紹介料をもらうと、相手に『ああ、だからすすめたんだ』と思われるかもしれないし……」という人がいます。

気持ちはすごくわかります。でも、それは**大きな誤解**です。

仕事かどうかは関係ありません。

だって「ゴール」は同じなんですから。

相手が幸せになる。

ここが、「売れる」のゴールなんです。
「買ってもらうこと」をゴールにするから、不自然になってしまうのです。
「幸せな決断」をサポートするためには、
買ったあとに**お客さまが今よりも幸せになる未来**を、
徹底的にイメージすることです。
そしてそれを素直に伝えるんです。
「こんなふうになったらいいですよね」って。

これができるようになると、売ろうとしなくても、自然とお客さまのほうから
「買いたい」といってくださることが多くなりました。
では、**「今よりも幸せになる未来」**って何？
お客さまと一緒に想像してみましょう。

ちなみに「紹介料をもらう」というのは、企業が高いＣＭ制作費を使って宣伝することと同じこと。ＣＭ制作費用を広告代理店がもらっているのと同じように、

それを**伝えた人が「付加価値」をもらっているだけ**です。

そして、お金をもらうことで責任感が生まれるので、もっと商品のことに詳しくなれたりします。つまり、**お互いが「得する」関係を築ける**のです。

この商品を使ったら、家事時間が半分になった、手荒れがなくなった。日常の会話のなかで、こんな理由であなたが友達に掃除道具をおすすめしていたとしたら、それは押し売りではありませんよね。

友人の家事がラクになる、手荒れしなくなる、相手のことを思って、**相手にとっての「よりよい未来」のために、ちょっと背中を押しただけのこと**です。

ギブというのはボランティアや寄付のことだと考える人も多いと思いますが、それだけではありません。

相手の未来のために、よい決断を後押しするのも、「ギブ」なんです。

暮らしのなかで、1日1つ、誰かの役に立つことに挑戦してみてください。

「誰かの役に立ててうれしい！」
こんなふうに思える人は、もっと稼げる可能性がある人なのです。

聞き上手以外にもまだある！「好かれるスキル」を上げる6つの方法

セールスの仕事をしなくても、今すぐに「好かれるスキル」がアップする、6つの方法を紹介します。どれもすぐにできますよ。

①「ありがとう」で返事する

「ありがとう」は、もともと相手を尊重し、感謝を表す言葉です。

当然、相手の気持ちもよくなります。

ぜひ、普段から、たくさん使ってください。

お礼をいうときだけでは、まだまだ足りません。

なので、「ありがとう」で返事をするようにします。

たとえば「ランチいきます？」と声をかけられたら、「あ、はい」ではなく、**「ありがとうございます！　ぜひ」**に、変換します。

これだけで、あなたの好感度はかなり上がります。

②ネガティブな反応をしたくなったら、トイレに駆け込む

文句やグチは、職場では男性はとても嫌います。
「だから女性は……」と、いわれてしまうんですね。
グチをいいたくなったら、まずトイレに駆け込み、**深呼吸**です。
ゆっくり、10秒カウント。吸って〜、吐いて〜。
イライラをわかってもらおうと、表情や態度、ため息などの
無言アピールもＮＧです。
疎ましがれ、仕事ができない人だと思われてしまうと、もう、損しかない。
イライラは、さっさとトイレで流してしまいましょう。

③あいさつは先手必勝で

たとえ相手が年下でも新人でも、あなたから声をかけるようにしてください。
「あの子、新人なのにあいさつしてこない」などと、
あいさつ待ちのストレスがなくなります。これは大きいです。
そして、ただただ感じのいい人になれて（笑）、一石二鳥です！

④「1日3ほめ」を習慣にする

セールス時代、数字で負けたとき、くやしくて素直に「おめでとう」がいえないときがあったんです。

でも、「相手の『うれしい結果』をほめると、同じこと、もしくはそれ以上のことが自分に起こるよ！」といわれました。

それから、「（ぐぐっ、くやしいけれど）**おめでとう！**」と、無理していうようにしていました。でも、それが私をより好かれる人にしてくれたし、実際に、それ以上の結果が、わたしにもたらされるようになったのです。

好かれる基本は、「ほめる」こと。それもひとつではなく、3つ以上。ときにはぐっとこらえて、笑顔でほめることも大切なんです。

⑤「幸せワード」を口にする

「うれしいです！」「おいしいです！」「すてきです！」「最高です！」

テンションが上がる幸せワードを、意識的に使いましょう。

相手に「わたしは喜んでいますよ」ということが伝わり、

場の空気が一瞬でよくなります。

「最悪！」「ええ～、めんどくさい」「まずい」「あ～あ」

なんていうマイナスワードはいわないこと。

無意識のうちにいってしまっていること、ありませんか？　ご注意を。

⑥「何かお手伝いすることありますか？」を口ぐせにする

まわりに仕事を抱えて大変な人がいたら、声をかけてみてください。

この一言でかなり救われます。

「わたしの仕事は終わったので帰ります」というのは、
子育て中などであれば、仕方のないときもあります。

けれど、この気持ちがあれば「すみません、お手伝いできないまま、今日はお先に失礼しますが、**明日、もし手伝えることあればいってください**」

この一言がいえるかどうかで、全然違ってきます。

実際に手伝えたかどうかは関係ありません。

この一言を、大変そうな人にかけてあげられるかどうかなんです。

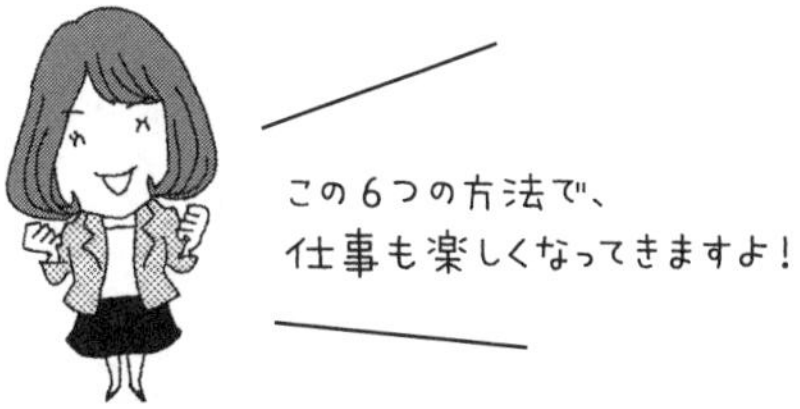
この６つの方法で、
仕事も楽しくなってきますよ！

「人に好かれる力」がある人はどこでも必要とされる！

突然ですが、一緒にいて居心地のよい人と、何かとイライラしてしまう人。

どちらの人といるほうが、生産性は上がりますか？

前者ですよね。

ということは、**あなた自身が「一緒にいて居心地のよい人」になるだけで、会社の売り上げが上がる**ということなのです。

なんとすごい能力！

職場に1人いるだけで全然違う！

こういう人は好かれるだけでなく、
どんなところでも重宝がられ、必要とされます。

正社員や契約社員、派遣スタッフ、アルバイト、パートさん、
フリーランスの人も、みんな同じです。

もっといえば、**セールスの仕事をしていなくても、このスキルは必要です。**

定年後の男性が、家族だけじゃなく社会からも疎まれることがあるのは、まさしくこの**「好かれるスキル」をもっていないから。**

とくに、大企業で肩書きをもっていた人ほど、やたらとえばって「俺はすごいんだ」とやってしまうため、どこの企業も使いたくないといいます。

しかし、名刺（の威力）を失っても、「好かれるスキル」さえあれば、社会からも求められるし、定年後の家庭も円満なのです。

余談ですが、**60歳過ぎると、女性のほうが断然稼げる人が多い**んですよね。

わたしの関わっている会社で、80歳を過ぎても現役で稼いでいる営業ウーマンがいますが、いつまでも若くてキラキラしています。

隣にいる（失礼ながら）しおれたおじいさんがダンナさまと聞いて、びっくりしたほど。そのくらい、輝きに差が出てしまうんです。

第 3 章　おさらい

- 同性に好かれると、一生食べていける！

- セールスの仕事は、
今、ものすごくチャンス！

- 売れる人ほど、
相手から「買いたい」といわれる

- 好かれる人は2つの力をもっている

  1. 相手の話を、とことん聞く力
  2. 「幸せな決断」をサポートする力

- 聞き上手は、
「ヒアリング」と「リアクション」が上手

第３章　おさらい

☑ **共感されるためには、「相手目線トレーニング」が有効**

☑ **ものを売らずに、「幸せな未来」を売る**

☑ **好かれるスキルを上げる6つの方法**

1. 「ありがとう」で返事する
2. ネガティブな反応をしたくなったら、トイレに駆け込む
3. あいさつは先手必勝で
4. 「1日3ほめ」を習慣にする
5. 「幸せワード」を口にする
6. 「何かお手伝いすることありますか?」を口ぐせにする

☑ **一緒にいて居心地のよい人は、好かれて、必要とされる**

Column

稼げる体質になるための、「すぐやる」4習慣

稼げる体質になるためには、日常生活や考え方、

行動パターンがすごく影響するんですね。

わたしが「カセギスキル」の講座で伝えているのは、次の4つです。

①すぐに取りかかる

②すぐに調べる

③すぐにメモする

④すぐ数字化する

この4つは、

仕事ができる体質になることなので、意識的に取り組んでみてください。

とにかく気づきが起こるだけでも、変化は大きいです！

共通することは、**すぐにやる姿勢**です。

何事にも積極的に主体的に、前向きに取り組める人は、成長が早いのです。

パッと動ける人は、上司からもお客さまからも、好かれるはずです。

職場にこういう人がいたら、仲間から**信頼されている**はずです。

今はスマホですぐ検索できるので、すぐに調べるようにするんです。

調べても忘れるので、ノートかスマホのメモ機能に記録します。

しばらく続けていると

メモが増えてくるので、

1カ月後に確認するのです。

この作業、慣れれば数分です。

あえて勉強しなくても、すぐ調べる習慣、メモをする習慣があれば、

知識はどんどん増えていきます。

あと、4つめの

「すぐに数字化する」というのは

「ちょっとお待ちください」ではなく、

「5分ほどお待ちください」というなど、

明確に伝わりやすくする方法です。

ぜひ今日からやってみてください！

稼げる技術

第4章

カセギスキル3.

「動けるスキル」を身につける！

まずは動く。動けば稼げる。やり方を次の2つから選ぶ

ここまできて、

「わたしも稼げるんだ！」

「今からでも活躍できるんだ！」という事実に気づいていただけましたか？

そう、**あとはもう動くだけ、前に進むだけなのです。**

そこで、次の2つの選択をおすすめします！

①パートで働く
②セールスの仕事をする

女性にとって、これがものすごく現実的であり、
すぐに見つかる仕事であり、
経験なくても稼げる可能性があり、

一生食べていけるスキルが身につき、昇進できる可能性もあるという、いわば、**稼げる道**となります。

「スキルがない」「即戦力じゃない」と何度も面接で落とされたり、「年齢が上」ということだけで、書類選考で落とされたり、**わざわざ自分が傷つく仕事選びをして落ち込んでしまうのは、バカみたいです。**

こうした現実に対して、「ひどい社会だ！」「差別だ！」と文句をいっても、仕方ないんです。お給料を払う人の目線で考えるとわかります。

「正社員経験がないのか。年齢もいってるなあ……。ちょっと最初から正社員というのは、採用がリスク高いな。不採用」

「ＰＣスキルがないのか。仕事のブランクもあるから、今から教えるのは正直大変だなあ。ウチには教えられる人もいないし。不採用」

人手不足の会社で、ゆっくり人を育てる余裕はないのも、理解できます。

しかし、**「正社員のハードル」はパートからの入社という形でクリアできます。「経験のハードル」もセールスの仕事を選べばＯＫ。**

だから**この２つって最強の選択なんです。**

「入り口」にこだわらなければ、女性はどんどん稼げる！

あなたは正社員にこだわるほうですか？
もし「はい」と答えたなら、それは

- **安定して仕事を続けることができる**
- **会社が雇用保険や社会保険も半分払ってくれる**
- **いろいろな手当がある**
- **非正規社員よりも給料がいい**（正確にはそうでない仕事も多くあります）

という理由からでしょうか？
たしかに、安定していて魅力的に見えますよね。
でも、ここでわたしは断言します。
正社員になることに、
執着しないほうがうまくいく可能性があります！

会社の本音はどうでしょうか。

正直、正社員で採用すると（通常は）雇用期間を決めずに働いてもらうようになるので、いくら人手不足とはいえ、採用には慎重になります。

「仕事から遠ざかっていたらしい。またやめたりしないだろうか」「大手で華々しいキャリアがあるから、扱いにくそうな人だ（優秀だが）」こんな理由で、「よさそう」と思った人の採用でも二の足を踏んでしまい、書類選考で落としてしまうことが多いんです。

非正規雇用、たとえば契約社員やパートだったら、どうでしょうか？　**状況は一変します。**

とりあえず「よさそう」な人は、まずは一緒に働いてもらって、うちの会社と合うかどうか見てみましょう、と採用されるのです。

正社員だとチャンスさえ与えられないのに、
非正規雇用であれば、チャンスの扉は大きく開かれます。

もしあなたが専業主婦だった場合は、
「ずっと主婦をしていて、仕事の経験はないのですが、なんでもやります！」と、
もしあなたが大企業でキャリアを積んできた人であれば、
「新人になったつもりでやらせてください。なんでもやります！」と
謙虚さをアピールすることで、**「採用側が思うマイナス」をカバーできます。**
(書類と面接突破のコツについては、第5章に詳しく書いてあります！)

大企業の場合、正社員の採用基準には、どうしても「学歴」がつきまといます。

履歴書というのは残酷で、どんなにあなたがいい人で優秀でやる気があっても、
企業によっては学歴しか見ない人事担当もいます（こういう人は苦手だけど）。

もうひとつ、つきまとうのが「年齢」の壁。

履歴書に書かれた年齢は、体力や知力の低下を安易にイメージさせます。

また、自分よりも年上の部下を持つことに抵抗のある人（特にオジサンたち）はまだまだ多く、「55歳だと10歳も上か……。指示しにくいからダメだ」と、これまた書類ではねられます。

残酷な現実です。

ところが、非正規社員としての応募であれば、
このあたりも難なくクリアーできることが多いのです。
そう、**あくまで「入り口」に過ぎません。**
だから、最初は間口の広いところからいけばいい、
扉が大きく開かれているところから入ればいいのです。
そして……ここからが**本当のスタート**なのです。

セールスの仕事から入って、
独立して代理店をもつという道も同じです。
この「入り口」から、**稼げる道がさらに広がっていく**のです。
「わたしが営業？　企画の仕事をやってきたのに！」なんていう、
妙なプライドは捨ててしまいましょう。
とにかく優先することは、**一生食べていけるか**どうかです。
ここはもう、選り好みせずに、まずはやってみること。
あとは、**お金の減らないサイフを持つようになってからわかります！**
「あ、和田のいうこと聞いといてよかった」って（笑）。

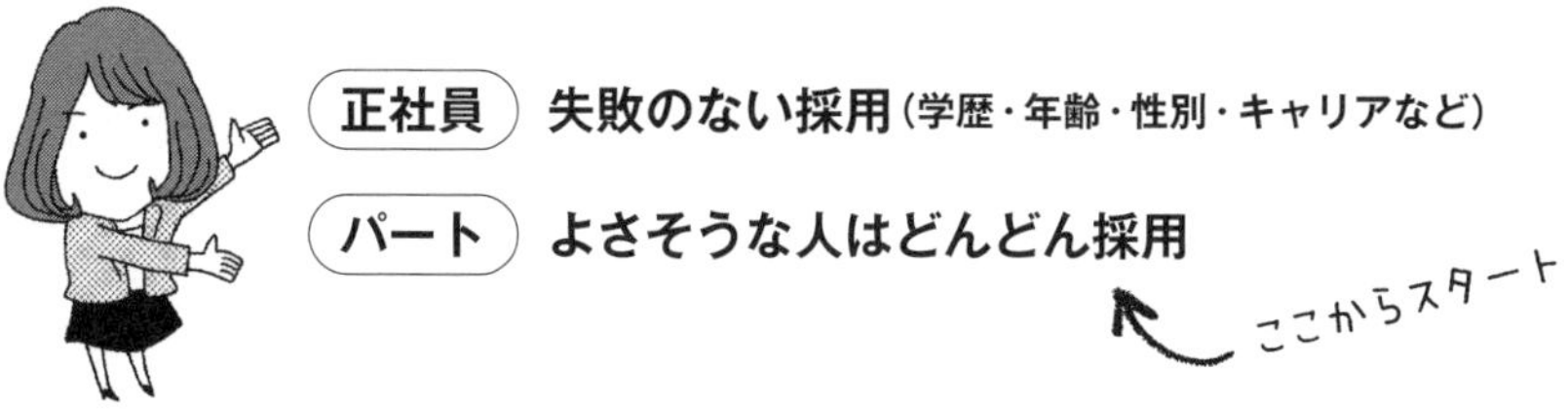
正社員
失敗のない採用（学歴・年齢・性別・キャリアなど）
パート
よさそうな人はどんどん採用
ここからスタート

見習い期間を、短くて3カ月、長くて1年と決める

さて、間口の広いところから、どんどん「稼げる」道に進んでいきましょう。
ここで「どうせ経験ないもん、無理」と、あきらめるのは早い。
「キャリアがあるのになんで非正規？」と、凹むのも早い。

このスタートをステップとして**正社員**となり、さらには出世して、**現場リーダー**、**マネージャー**、**役員**、**最終的には社長という「稼げる」道も選べる**のです。

そのためには、とにかく一生懸命、仕事をするんです。
人づき合いやコミュニケーション能力をフルに発揮し、これまで積んできたキャリア（や経験）を生かしながら**最低でも3カ月、長くて1年続けてみてください**。

女性の才能は、現場で開花します。
実際に、パートから出世した女性はたくさんいます!

●株式会社武蔵野 常務取締役・滝石洋子さん
ダスキンの商品を家庭に配送するパートさんから、
パート課長↓部長（社員）↓常務取締役
主婦としての能力を生かして成功

●クレディセゾン・横井千香子さん
時給わずか620円のカードの督促電話業務から（当時は西武クレジット）、
スーパーバイザー↓トレーナー↓パート部長↓取締役
電話を通じての顧客対応がすばらしく、信用を勝ち取る

●マックスバリュ 佐々木明子さん
お子さんが通う保育園に近いという理由から近隣のスーパーでパートを始め、
副店長↓正社員↓店長

●株式会社カインズ・吉澤ひろ美さん
4時間勤務のパートから始まり、
8時間のロングパート→マネージャー→正社員→副店長
コミュニケーションスキルが高いことから、
社員の教育も任されるように、正社員へ

「いや、そんないい会社ばかりじゃないでしょう？」と思うかもしれませんが、いまや人手不足、積極的に企業も「優秀な人」には逃げられないよう、しっかり囲い込みます。

それゆえ「パートから正社員」への道が広がっているのです。

ただ、この道を確実に選びたいのなら、企業を選ぶときに

- 会社のホームページに**「キャリアパス制度」**があるか？
- 転職サイトで**「正社員登用」**と書かれているか？
- 社内に**女性管理職**がいるか？

などを確認しておくと、より安全です。

パートから始める「稼げる」道

1 仕事を楽しみながら身につける

- わからないことは素直に「教えてください」という
- 毎日「よかった探し」をする

↓

2 「カセギスキル2. 好かれるスキル」を使って、売れる人、職場やお客さまに信頼される人になる

- 自分の日々の成長を実感する
- 「自分がやりたいからやる!」という気持ちで。自己犠牲は捨てる

↓

3 「リーダーやってみない?」など、新しいチャレンジのお声がかかる

↓

4 「やってみます!」と前向きに引き受ける

①〜④の繰り返しで、気づけば管理職(正社員)、取締役になっている人も!

「パートから正社員」は女性が成功しやすいキャリアルートなんです!

正社員より稼げるパートさん!? 意外なカラクリとは

正社員も魅力ですが、

そもそも稼げるようになったら、「手当」をあてにしなくてもいいし、将来の「保証」もいりません。

自立しているので、**会社に頼る必要もない**んです。しがみつかない。

とにかく、もっと自信をもって**「どっちでもいい、なんとかなるもん」**と、思っておくのがいいんです。

そのほうがストレスなく自分らしく働けて、成果も出やすい。

結果として、「あの人はいいね」と評価されます。

わたしの会社は、パートさんでも、能力があればボーナスを支給しますし、有給もあります。そして（ここ大事！）、本人の希望があれば、社会保険なども会社で補填しています。

しかし、本人が**「個人事業主」（フリーランス）**として契約し、自分で確定申告をしたほうが**節税になる場合もある**んです。

正社員の場合は、家賃も飲食代も経費になりませんが、フリーランスであれば、自宅でも仕事するし、カフェで会議もするので、それらは経費となります。収入からその経費を引いたものに課税されるので、税金が還付され戻ってきます。

同じ金額を稼いだのであれば、きちんと申告すれば、トータルの手取りは、パートよりもフリーランスのほうが多くなります。

優秀な正社員だった人が、ほかの会社とも仕事をしてスキルアップしたいと退職、**「業務委託契約」を結んで、正社員時代と同じ仕事をしている**ことも。当然、取引先が増えた分、年収もアップしたとのこと。仕事の幅も人脈も広がり、いいことづくし。早くやめてよかったそうです。

時代はこんなふうに、自由に働ける環境が整ってきているのです。

プライドを捨てると、女性はキャリアアップする

特に大企業に勤めている管理職女性にお伝えします。

あなたは**自分のキャリアに不安はありませんか？**

今の時代、大企業であっても不採算部門のリストラや統廃合は、しょっちゅうおこなわれています。

安定の日本企業に就職したはずなのに、親会社が外資系企業に買収され、あっという間に外資系企業のルールが自社にも……という話もよく耳にします。

そうなったら、あなたは本当に大丈夫でしょうか。

大きな企業にいる人ほど、実は危険だったりします。

なぜなら、大企業の管理職には年齢の高い人もたくさんいて、そういう人たちから早期退職優遇制度をすすめられる、つまりリストラの対象になるからです。

せっかくの経験や能力を、**必要とされる場所で発揮してほしい**と思うのです。

とにかく、大企業に勤めているキャリア女性には、
一刻も早く、プライドを捨てていただきたいです。

なぜなら、**プライドを捨てたとたんに大成功するから。**

中小企業では、女性管理職は不足しています。セールス職も。

大企業では、あなたの代わりはいるかもしれませんが、
中小企業では**オンリーワンの輝ける人材**かもしれません。

もっと責任ある仕事がしたいのであれば、社長も働く人もみんな女性の会社に転職もいいでしょう。当然ですが、男女差別はありません。

まだまだ成長したい、経験を積みたいのであれば、ベンチャーもいいでしょう。

もちろん、自分で会社をつくるという手もあります。

大企業というプライドを捨てたとたん、**自分らしく働いて稼げるようになった、新しい組織でどんどん出世していった**という声を、何度聞いたことか！

プライドを捨てたとたんパートナーにめぐり会えたという人も、実に多いです。

プライドって、あなたの可能性や魅力までも隠してしまっているみたい。

もったいないことです。さっさと脱ぎ捨てちゃいましょう。

小さく「動く」なら、ネットがおすすめ。「デジタルおもてなし力」で稼げるようになる!

今はまだ会社をやめる予定はないという人、

今はまだ子育てや介護があるので外で働けないという人には、**自分のできる範囲で、小さく動く**ことをおすすめします。

具体的には、**ネットで稼げる力をつける**のです。

今はさまざまなネットサービスで、一般の人が稼げるようになりました。

たとえば、ハンドメイドが得意ならｍｉｎｎｅといったハンドメイドマーケットで、似顔絵やロゴが描けたり、ちょっとしたコンサルティングができるのであれば、ココナラなどで自分のスキルや経験を提供したり。

やってみるだけでも価値がありますが、どうせやるなら、カセギスキルを発揮して、しっかり売れるようになりたいですよね。

「メルカリ」「ｍｉｎｎｅ」などのウェブサービスには、利用者が数百万人といるなかで、何人かの「売れている人」、いわゆる**売れっ子**がいます。

売り手に会うことがないのに、売り上げに差があるのはなぜでしょうか。

実は、こうした**売れている人たちには共通点があった**のです。ネットの世界でも売れている人たちは、お客さまとのコミュニケーションをとり、ファンになってもらえるような対応を自然と（もしくは意図的に）していたんです。

「いつまでに届きますか？」「サイズ違いはありますか？」などの質問に対しても敏速に、ていねいに対応し、またさりげなく他の商品を紹介したり、以前問い合わせがあった方の好きそうな商品があれば提案するなど、とにかくマメな心配りが半端ないのです。

つまり、**ネットの世界でも、気づかいなくして売れっ子にはなれない**のです。

わたしは**ウェブの世界で誠意を尽くすことを、「デジタルおもてなし力」**と呼んでいます。**これからの時代、「デジタルおもてなし力」は欠かせないスキル**といっても過言ではないでしょう。

では参考までに、売れっ子の共通点をまとめておきます。

・質問したら、即レスで対応
・プロフィールの実績に信頼性がある。人柄が透けて見える
・「ありがとうございます」「わかりづらくてすみません」など、温度を感じる言葉選びをしている
・商品説明がていねい（スペック、いつ、どこで、どのようにして手に入れた商品なのか、シミなどネガティブな情報もしっかり載せてあるなど）
・商品写真が親切
・市場調査に基づいた値づけができている
・そのとき商品が欠品していても後で入荷するとフォロー
・好きそうなものを覚えておいて提案

これらが、**デジタルおもてなし力**です。
次のページに「デジタルおもてなし力」で稼げるサイトをまとめました。
興味のある人はチェックしてみてください。

「デジタルおもてなし力」で稼げるサイト

minne（ミンネ） https://minne.com

国内最大級のハンドメイドマーケット。CM・雑誌などによる認知度が高く、集客力が高い。利用者は20～30代が多く、女性が9割を占める。

Creema（クリーマ） https://www.creema.jp

minneと並ぶ国内最大級のハンドメイドマーケット。おしゃれで大人っぽいハンドメイド品が多く、利用者は20代後半～40代前半の女性が中心。

iichi（イイチ） https://www.iichi.com

職人レベルの作品が多く並ぶハンドメイドマーケット。スタイリッシュなハンドメイド品がメインで、男性ユーザーも。購入者は30代～50代中心。

ハンドメイドが趣味の人はぜひチェックしてみて!

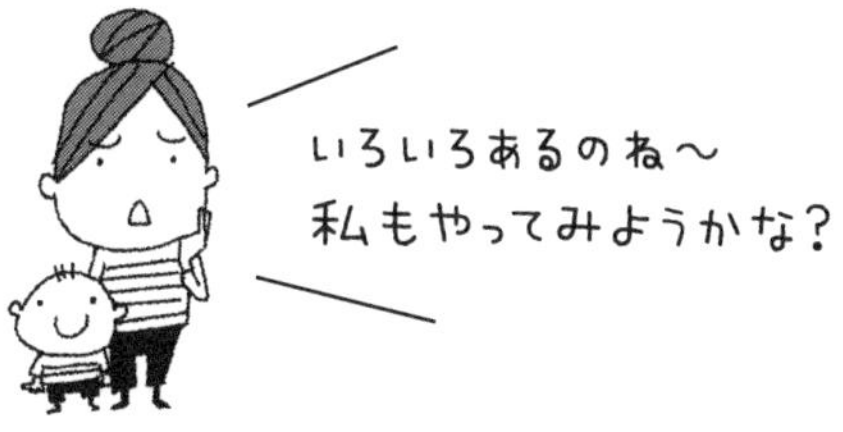

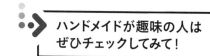

いつでも声をかけてもらえるよう、「プロフィールシート」をつくる

今すぐ転職や就職活動、ネットに挑戦しなくても、チャンスを引き寄せるために、できる**準備**があります。

それは、あなたの「プロフィールシート」をつくっておくこと。

内容は、これまでのあなたの**経験**と**強み**を書くだけです。

経験は、仕事だけに限りません。

- **マンションの管理組合理事長を2年務め、全80戸の住民をまとめ、大規模修繕工事をおこなった**

これは立派なリーダー経験です。

- **幼稚園のバザーでカレーとドーナッツのお店を出して、15万円売り上げた**
- **幹事として、20年ぶりに小学校の同窓会をおこなった。出席率8割だった**

すべて、人をつなぎ、人に喜んでもらって成果を出した、貴重な経験です。

強みは、一度でもいいので、誰かにほめてもらったことを書き出しましょう。

「手先が器用」「いつも笑顔で癒やされる」「声がよく通る」「体力がある」「子どもに好かれる」「計算が速い」「整理整頓が得意」など、思いつくことはすべて書き出しておきます。

ほめられた記憶がないという人は、これから、**積極的にあなた自身を売っていくチャンス**です。自分のいいところを探してみましょう。

- **人と話すのが好き、人が好き**
- **地道な作業が得意。コツコツとやっていける**
- **パソコン入力が速い。テキスト打ち込みが正確**

こんな具合に、やってきたことと得意なことを書いておくのです。

「プロフィールシート」には、顔写真と連絡のとれるメールアドレスやＳＮＳアカウントを添えておき、あなたの周りにいる仕事をしている人たちに**「何かあればいつでも声をかけてくださいね！」**と笑顔で渡しておくのです。

すぐに反応がなくても、急に人手が欲しいというときに、「あっ、そういえばあのシートの○○さんはどうだろう？」と思い出してもらえるかもしれません。

ポイントは、すぐに「何か仕事はありませんか？」と売り込むのではなく、**「何かあればいつでもどうぞ」**と、余裕をもって声をかけておくこと。

同時に、「どんな人がいるといいですか？」などと、必要な人材の条件をリサーチしておくのもおすすめ。

第3章で紹介した「相手の話を、とことん聞く」を実践しましょう。「こういうスキルがあるといい」「こんな人がいるといいな」などと、具体的な人物像が見えてくると思います。そうやって調べながら、**周りの人たちが必要とする人物になっていけばいい**のです。

「資格よりも運転免許かあ」など、具体的なものが出てくればしめたもの。大学院より自動車教習所に行くほうが有効かも、となりますよね。

「プロフィールシート」はＡ４サイズの紙１枚で十分。さっそくつくってみてください。

プロフィールシートをつくろう!

- 大きさはA4サイズの紙1枚
- 書くことは「経験(こんなことができます)」と「強み(こんなことが得意です)」
- 連絡先を書いておく(メールアドレスなど)
- 「何かあればいつでもお声がけください」と笑顔で手渡し!
- すぐに声がかからなくても気にしない。忘れた頃にお声がかかるもの

和田モヤ美(45歳)　連絡先　○○@○○.ne.jp

- 2児(高校生と中学生の息子)の母&愛犬ミミ(柴犬3歳)
  →体力だけはあります!
- 日中(10~17時ぐらい)は、比較的自由に働けます
  (土日は応相談)
- 町内会のママさんバレー部で会計係をやっています
  (Excel入力は得意です!)
- 独身時代は部品メーカーで庶務でした(5年働いていました)
- 使えるPCソフトはWord、PowerPoint、Excel、Photoshopなど
  (息子の学園祭チラシ作成を手伝ったりしています!
  イラストもときどき描きます)

なんだか元気でタフな人みたいだし、パソコンスキルもあるし、
今度のイベントのお仕事、手伝ってもらおうかな?

「わたしはこんな人」というのが
1枚でわかるプロフィールシート。
ひょんなことからチャンスにつながる可能性大!

第 4 章　おさらい

☑ ①パートで働く
②セールスの仕事をする　の2択で動く

☑ セールスの仕事から入って、
独立して代理店をもつという道もある

☑ 正社員という「入り口」にこだわらない

☑ 最低でも3カ月、長くても1年は続けてみる

☑ パートから正社員、
取締役と出世した女性もいる

第４章 おさらい

- フリーランスで働くという選択肢もあり
- プライドを捨てると、
キャリア女性はとたんにうまくいく
- 外で働けない人は
ネットで「小さく動く」という手も
- いつでも声をかけてもらえるよう、
「プロフィールシート」をつくっておく

Column

あなたはもっと伸びていい！

「キミのノルマは月1000万円。それが仕事だ！」なんていわれたら、そりゃあ緊張感が走りますよね。

でもノルマ、つまり個人目標ってものすごく**重要な「成長材料」**なんです。

これがないと、ほとんどの人は、自分の潜在的な可能性を開花できないのです。

つまり、**ノルマとは、その人が達成できる可能性を示しているだけ**なのです。

それと、ノルマがあるから意欲が出るというメリットもあります。

「365日ダイエット中です」なんていいながら一向にやせる気配のない人には、「来月のデートまでに3キロやせる」などのノルマを課したほうが、本気で取り組むきっかけになります。

セールス時代のわたしは、ノルマのことを**自分への「期待値」**だと思っていました。

「あなたはこんなにも能力があるのだから、これぐらいの数字目指せるよ」と期待してもらっているのだと。

そのため「ノルマ」という言葉は忘れて、**「ポテンシャルナンバー」**と呼んでいます。**期待の数字、わたしでもたどりつける場所。**

たとえ達成できなかったとしても、そこを**目指すことで実力が身につく**のです。

高尾山を登るという目標と、エベレストを登るという目標では練習の方法も量も変わってきますよね。だから成長度も違うし、成長後の結果も大きく変わってくるのです。

自分で自分を「この程度」と思っていると、いつまでたっても、その山は登れません。可能性があるのですから、挑戦しないともったいない。

あなたはもっともっと伸びていいんです。

稼げる技術

第5章

「できるかも。…でも不安」を、根こそぎ取り除く

一歩踏み出すなら ぜったいに「今」なんです！

ここまで読んで、働く意欲がわいてきたというすべての人にお伝えしたいのは、一歩踏み出すなら**ぜったいに「今」！**　ということです。

もうご存じだと思いますが日本企業は今、働き手を探しています。

日本は２０２５年には**約６００万人の人手不足**に陥るといわれるほど深刻で、有効求人倍率はバブル期並みの高水準です。

そう、**企業側の扉は大きく開いています。**

あとは、あなたが最初の一歩を踏み出せるかどうかです。


でも……。

どんなことだって、新しいことをやってみるのは、勇気がいります。

そこは**「未知の世界」**。不安もある。

いざ一歩を踏み出そうとすると、やっぱり、こわさもでてきますよね。

だからこそ、ここでせっかくのチャンスを棒に振らないよう、今のうちに、その**不安をぶっつぶす**のです。

これからの明るい未来にそんなもの、いらないですもんね！

カビとり剤で見えないカビの胞子まで根こそぎはがしてピカピカのお風呂場にするのと同じ、だれもが立ち止まってしまう不安や悩みに、この章では、ぜんぶお答えしたいと思います。


実は、多くの「働こうとしている女性が抱える不安」って、けっこうみなさん同じことだったりします。

このあとのQ＆Aを読んで、「みんな同じなんだ」ということを知り、安心して一歩を踏み出していただきたいと思います！

ちなみに、こちらは未経験者の人向けと、今はバリバリ働いている人向け、それぞれのQ＆Aを載せています。

質問内容を見て、今自分が知りたいところだけチェックしてください！

2017年の平均有効求人倍率は1.5倍。
100人仕事を探している人がいたら、
150件の求人があるということ。
そのくらい今は人手不足なんです

Q 仕事と家庭（育児）、両立できるか心配です

#専業主婦
#共働き
#子育て

A

炎上覚悟でいわせてもらいますが、両立はできません。

ですので、最初から求めないほうがいいです。

働き方改革が進めば、状況は変わってくる可能性もありますが、そもそも、今まで**やっていなかったことに新しくトライする**のです。

そのぶんの時間を捻出する必要性は、どうしたって出てきます。

たとえばこれ、仕事ではなく、資格の勉強だったらどうでしょうか？

テスト前日は、優先順位も変わってきますよね。

掃除も料理も「手抜きなく！」なんてやっているより、少しでも、勉強したほうがいいに決まっています。

1日は24時間、1年は365日（366日）しかありません。

家事は、今までと同じようにはできなくなるのです。

そもそも男性は、「仕事と家庭を両立する」なんてあまりいわないですよね（笑）。女性は本来家にいるべきで、働きたいなら身を削ってもらうしかないという既成概念が、どうしても今の世の中にはあるのです。

それじゃあ、あまりに不公平じゃないですか？

人の手を借りずに自分ひとりでやり抜こうとする気持ちは、本当に立派です。

でも、わたしは**「両立」という言葉の呪縛から解放されて自由になったほうが、ストレスなく楽しい人生になる**と思っているんです。

昼間に数時間外に出っぱなしで働いているのだから、そのぶん家事が進まないのはあたりまえです。働けばそれなりに体力を使うだろうに、ひと息つくヒマもなく帰宅後すぐに家事や育児をこなして、昼間できなかった掃除や洗濯を夜中にすませるのもしんどいですもんね。

睡眠時間を削るのは、仕事の効率が悪くなるのでなるべく避けてほしいです。

なので、ここは開き直ってください。

両立できないことが正しいのだと。

Q 仕事をすることに家族が反対しています。どう説得すればいいでしょうか？

#専業主婦

A

数年後ダンナさんの仕事がどうなっているか、景気がどうなっているか、物価がどうなっているか、世間がどうなっているか、そんなこと誰にもわからないですよね？

ただ、ひとつだけいえることは、**共稼ぎになれば「お金の心配事が減る」という事実**があるということです。

そして、あなたが働けば、あなたの視野は確実に広がり、**あなた自身が成長できる**ということです。**お金が入って、成長できる。**

これは確実に**「家族の幸せ」にリンクする**んです。

そこを理解してもらうのです。

反対する家族は、「君に苦労してほしくない」というかもしれません。

「世間体がよくない」というかもしれません。

「子どもがかわいそうだ」というかもしれません。

でもそれは、相手側から見た一側面でしかありません。

安心してください。あなたは、仕事をすることで苦労などしません。

それよりも、狭い世界で逃げ場もなく生きることのほうが、ストレスが多く、違う苦労がつきまとうかもしれません。

世間体？　ダンナさんの稼ぎが悪いから奥さんが働いていると思われるということでしょうか？

大きな誤解です。

ダンナさんの理解があるからこそ、好きなことをさせてもらっているというとらえ方もできますよね。

家族でもっと豊かになりたいからって、なんかすてきじゃないですか？

子どもの教育に悪い？　たしかに家にいつもいてくれるお母さんはすてきです。

それを否定する気はありません。

でも働くお母さんにも、**たくさんのプラスの側面がある**のです。

視野の広くなったお母さんは、子どもや社会に対し、今までと違う向き合い方ができるようになります。経験を通してアドバイスができるようになります。

そして、子どもが家事を手伝うようになれば、大人になったとき、ちゃんと自立できます。

「働いてみたら、過干渉でなくなったことで、子どもと仲よくなれた！」という意見も多くあるのです。


そして、**「お金」**。

ダンナさんが、万が一、病気になったとしても
「わたしが稼ぐから大丈夫よ！」と笑顔でいえたらどうでしょうか。

すごくいいですよね。かっこいいと思いませんか？

養育費や老後のための貯蓄、ローンなども、少なからずラクになるはずなのです。稼いだお金でベビーシッターや家事代行サービスを頼むとか、今話題の「時短家電」を購入してみるとか、手段はたくさんあります。


お金があれば、子どもの将来の選択肢は格段に増えるのです。

子どもが音楽で留学したい、私立の医大に行きたいといったとしても、

「うちはお金がないから……」と残念そうな顔でいわなくてもいいのです。

その代わりに「よし、がんばろう。そのためにお母さんもがんばるから、あなたも家のこと手伝ってね！」と、明るく背中を押せるのです。

だからこそ、

「あなたや子どもたちの可能性をサポートしたいし、もしも何かあったときにも、安心してもらえるような存在に、わたしはなりたいの！」

こう、キッパリ宣言してみてください。

あなたの思いを伝えることが、何より大事なことだと思います。


ともあれ、夫婦で話し合うことは、とてもよいことです。

お子さんが小さいと、日々の生活に追われて夫婦がひざを突き合わせて話をする時間もエネルギーもないかもしれません。

ですから、あなたが仕事をすることにダンナさんが反対しているのであれば、**家族会議を開くチャンス**です。

この際なので、普段なあなあになりがちな、夫婦の役割分担や子どもの将来、老後についてとことん話し合いましょう。

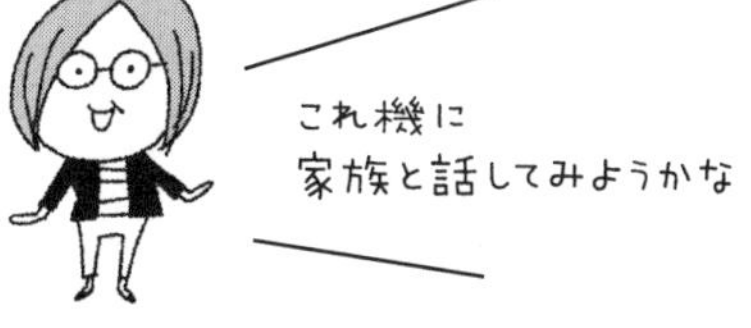

あと、「ちょっとだけしんどい時期」におすすめなのは、**家族に感謝の言葉とプレゼントを贈る**こと。

「いつもわたしのわがままにつきあってくれて、本当にありがとう」

「協力してくれてありがとう」

なんて思いつく限りの感謝の言葉とともに、贈り物をするんです。

手紙やカードを添えるのもいいでしょう。

反対する人は、自分に不都合なことが起こる場合に反対するもの。

自分にとってなんらかのメリットが見えてくると、応援してくれます。

なんだか打算的ですが……そんなものです（笑）。

あなたが「稼げる」ようになることで、あなただけではなく、家族だっていずれはハッピーになるのです。

あなた自身、自分の可能性を信じてあげましょう。

Column

実は男性も女性に働いてほしいと思っている！

「仕事をしてもよろしいでしょうか」

終身雇用と年功序列型賃金が機能していた20世紀、妻が仕事をする場合はこんなふうに大変恐縮してダンナさんにお伺いを立てないといけませんでした。

当時、女性は結婚とともに専業主婦になり家事と育児に専念するのがあたりまえだったからです。

しかし21世紀になると、世帯収入の減少に伴い共稼ぎ世帯が増加。加えて、仕事と育児の両立を支援する環境整備が進んだことにより、女性のキャリア志向が育ち始めました。一方男性側は「男の甲斐性だ」などと偉そうにするのをやめ、あくまで男女は対等であるとの意識を持ち始めました。

実際に現在男性の約75％は、妻になる女性に、「結婚後も可能な限り仕事を続けてほしい」と期待しているようです。

男性は妻の経済的サポートに期待

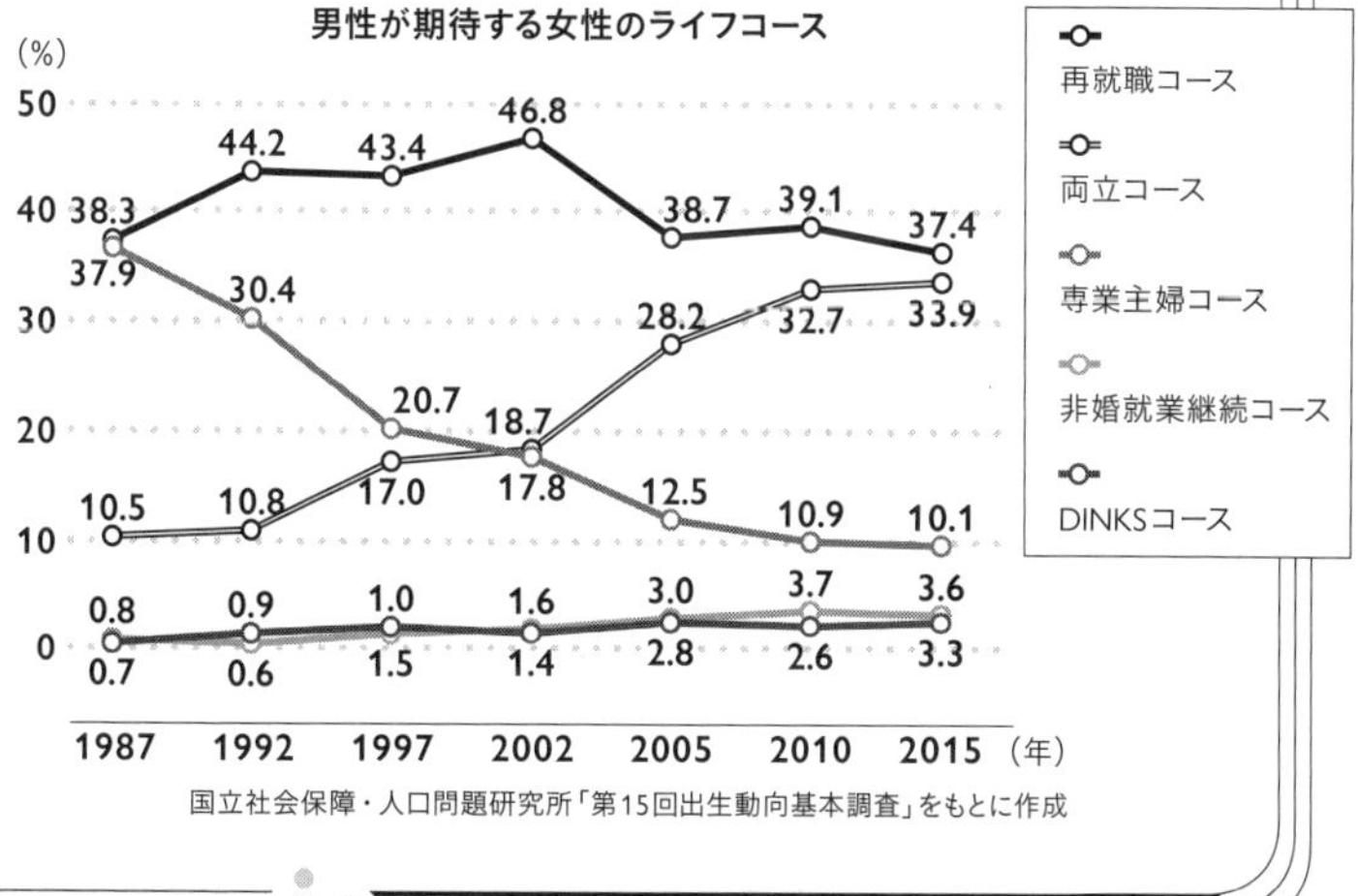

国立社会保障・人口問題研究所「第15回出生動向基本調査」をもとに作成

結婚し子どもを持つが、仕事も一生続ける「両立コース」を希望する男性が増えている

Q 「未経験者歓迎！」と求人欄にありますが、本当ですか？ 経験がないので不安です

#転職したい人
#仕事をしていない人

A

そのまま、言葉どおり**「むしろ未経験の人が欲しい」**ということだと思います。

求人票に**「経験不問」「未経験者歓迎」**と書いている会社をよく見かけます。

もちろん経験はあったほうが、即戦力としては心強いはずです。

なのに、なぜ、「未経験者歓迎」？

「いや、それって『経験はあったほうがいいけど、多くの人に応募してほしいから、一応未経験者も歓迎って書いておこう』ということでしょう？」あるいは、

「そんなの信じて面接しても、結果的には経験者で決まるくせに～」

と思ってしまいますよね？

たしかに、そういう企業もあるとは思います。

しかし！　そうではない企業も、たくさんあるんです。

本当のことをいいますね。

わたしは、**本音ベースで「未経験者歓迎」です。**

以前、セールス組織をつくっていたとき、経験のある不動産のセールスパーソンを採用しました。その人のほうがわたしよりも年上で、さらに男性だったせいもあるとは思いますが、「オレのやり方があるんで」といって、なかなかわたしのアドバイスを素直に聞いてくれなくて、それはもう、大変だったんです。

かたくなな態度でいる間は、その男性はいっこうに売れません。

さすがに本人もつらかったと思います。経験が邪魔していると思いました。

それとは反対に、「セールスなんてやったことがない」という人でも、明るさや前向きさ、**人づきあいのスキルがすでにある人は、どんどん伸びる**んです。

素直ですし、できるようになると仕事がますます楽しくなるので、成長する一方なんです。

あなたが社長だったら、そういう人と、一緒にお仕事したいと思いませんか？

「未経験者でよかった」と、安心してチャレンジしてください。

Q 履歴書を準備したいと思います。どこから手をつければいいのでしょうか？

#すべての人

A

まずは履歴書に貼る**証明写真を撮って**ください。

仕事柄、わたしはよく履歴書を拝見します。気になるのが、写真が暗かったりして、印象がよく見えない人、本当に多いです。

履歴書で**最初に目に入るのが写真**です。つまり、写真で第一印象が決まってしまうのです。写真1枚で「不採用！」ということも少なくないのです。

いくら履歴書の「中身（文章）」がよくても、「見た目（写真）」だけで判断され、読まれないまま「不採用！」になることさえあるのです。

なぜ、ここで手を抜いてしまったのかと、残念でなりません。

普段から証明写真を準備していない人がほとんどです。

だから「いざ応募！」となったときに慌てて準備するため、写りの悪い写真で応募することも。それではもったいないので、ここはせっかくだから抜かりなく準備したいところです。

「即採用！」となる履歴書づくりには、ちょっとした準備が必要となります。

面接にも、実際に働く際にも使える**一石三鳥の準備**ですので、面倒がらずにやってみましょう。

やることは次のとおりです。

①上半身だけでも、明るい色の服を着る（できれば白いジャケットかシャツを。濃い色のジャケットの場合は、明るい色のインナーを着る）

②メイクする（メイク道具をもっていない人、メイクに自信のない人は、プロにアドバイスをもらう。あるいは誰かにやってもらう）

③その姿で美容院に行く

④美容院から出たら、そのまま写真撮影！

これらの準備は、**「面接にどんな服装や髪型、メイクで行けばいいの？」**という質問にもつながりますので、このあと具体的に説明していきます。

Q 書類を渡す際の注意点はありますか？

#すべての人

A

履歴書で意外と大切なのは、次の3つ。

①**文字**
②**写真**
③**ハンコ**

①の文字に自信のない方は、とにかくていねいに書くこと。薄くて細い文字は自信がなさそうに見えるので、**ペンの太さは0・5ミリ以上**がおすすめです。

②の写真は、前項のとおり、きちんとした**証明写真**を撮りましょう。暗い顔、ボサボサの髪など、印象がよくない写真を使ってしまうと、それだけで書類審査で落とされる可能性が高くなりますので要注意。

そして、③のハンコ。

曲がっていたりインクが薄かったりすると、「仕事も雑なのかな」「あわてんぼうなのかな」「すぐ手抜きするのかな」「気づかいができない人なのかな」などと、いらぬことを想像されてしまいます。

とくにセールス職の人にとって、契約書に捺印いただく行為は、大切な儀式のようなもの。達筆でないからといって気にする人はいませんが（ただしていねいに書くこと。走り書きはいい加減な印象を与えます）、ハンコが曲がっているのはまずいです。ハンコも**まっすぐていねいに押すこと**を意識して。

また、封筒は、履歴書と職務経歴書がすっぽり入る**Ａ４サイズ**を選びましょう。三つ折りにするなど、折り目をつけるのは避けましょう。

書類は、その場でフォローができないぶん、細心の注意を払う必要がありますし、**心を込めて作成した書類は、相手にもちゃんと伝わるもの**なのです。

細かいことばかりですが、細かいところを見ているのが採用側なんです。手抜きなしの履歴書を準備してください。

キャリアのある人ほど、できているつもりで、基本をおろそかにしがちです。みなさんも、**基本をお忘れなく！**

Q 面接で何を着たらいいのかわかりません

#すべての人

A

「服装は自由です」

そういわれると、かえって悩みますよね。

ポイントはただ1点です。

お客さまから見て感じがいいかどうか。

無理して高いスーツを買う必要などないのです。

これだけは避けてほしいのは、「家にあるスーツはこれしかない」といって、喪服（のようなもの）を着てくる人。**いわゆるブラックフォーマル**というやつですがこれはＮＧです。

想像してください。あなたのご自宅に、セールスウーマンが明らかに喪服でやって来て「保険に入りませんか」とすすめてきたら……。明るい声を出したとしてもどうしても暗く見えますよね？

もはや地味を通り越して、ちょっとイメージが悪いです。

このように、洋服というのは**「それを着ているあなたを、相手がどう見るか」**なのです。

もちろん、「服装は自由」だからといって、なんでもいいというわけではなく、デニムにダボダボのシャツなどは論外です。汚れているとかシミがあるなども話になりませんので、部屋着でいいというわけでもありません。

とにかくここは、「あ、この人信頼できそう」と相手に思ってもらえるような服装を心がけるのです、

なので、基本の服装はやはり**「ジャケット＋シャツ」の組み合わせ**です。

ジャケットは明るい色のほうが、顔が明るく見えていいので、本当は**ベージュや白いジャケット**がおすすめです。でも汚れやすいので、**黒か濃紺にして中のカットソーやブラウスを白や明るめの色にする**といいです。

履歴書の写真を撮るときは、上半身だけ気にすればいいので、この組み合わせでＯＫ。

タートルネックよりも**首まわりがスッキリしているデザイン**のほうが、着やせ

します。

ジャケットもシャツも、普段着としても使えますし、1着もっていて損はありません。わたしのもっている紺のジャケットの中には、セールで1万円くらいのものもありますが、スタンダードな形なのでまったく安く見えません。

シャツはユニクロでもＯＫです。

ジャケットとシャツでとにかく大事なのは、**値段ではなくサイズ感**です。

ボトムスはどうすればいいか。迷ったら、**ひざ下丈のスカートを選びましょう。**

服は必ず試着して、肩にフィットしているか、お尻がパツパツだったり、丈が長すぎたり、全体的にブカブカしていないかを確認します。

白いシャツは、汚れたら襟元を漂白剤などでこまめに漂白し、黄ばみがとれなくなったらすぐ新しいものにしましょう。

だから、**本当に安いものでいい**んです。

清潔感が大事ですので、パリッとアイロンをあてて面接に臨みましょう。

面接に着ていく服は「ジャケット+シャツ」がおすすめ！

おすすめコーディネート

ジャケット

- 顔が明るく見えるベージュや白がおすすめ
- 黒や濃紺もOK（インナーを明るくする）

シャツ or カットソー

- 白や明るめの色をチョイス
- シャツはパリッとアイロンを

スカート

- ひざ下丈のスカートが無難
- スーツでなくても大丈夫

とにかく大事なのは、値段よりもサイズ感。アイロンをあてて清潔感のある服装を心がけて！

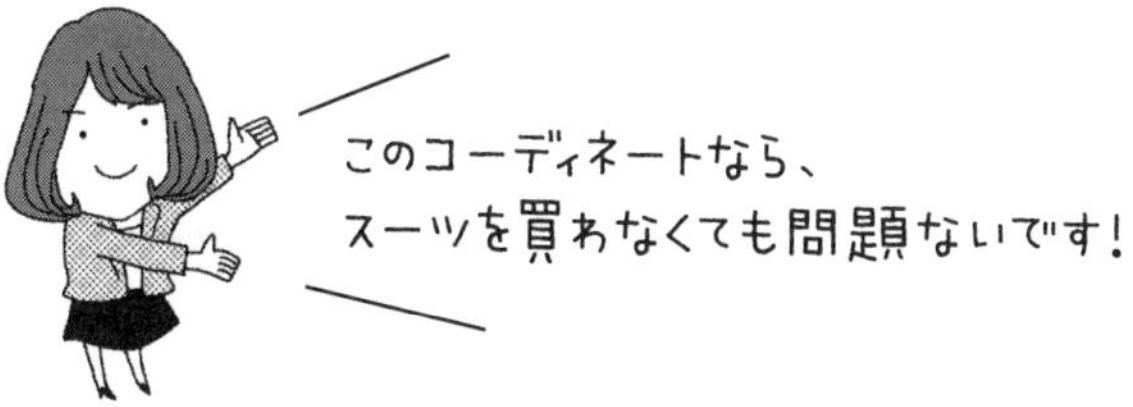
このコーディネートなら、
スーツを買わなくても問題ないです！

予算のない人は通販サイトを活用！

＃すべての人

わたしは**通販サイト**もよく利用しています。

最近は、返品できる会社が多いので「試着せずに買うのはこわい」という不安もなくなりました。しかも、通販サイトはよくセールをやっているんです。

職業によっては、スーツと無縁の仕事や職場もあります。制服で統一されていたり、そもそも、ラフな普段着が許される職種だったり。

であれば、面接のためだけにスーツを購入するのはもったいないかも。

そんなときは、**レンタルサービスを利用する**という手があります。買うと15万円くらいするスーツが、レンタル料６０００円くらいでズラリと並んでいるので便利。お金をかけずに就職活動を乗り切りたい人にもおすすめです。

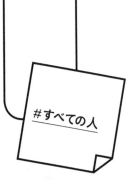

洋服選びに役立つファッション・レンタルサイト

ファッションサイト

USAGI ONLINE（ウサギオンライン）
https://usagi-online.com

わたし（和田裕美）が使っているサイトです

ONLY（オンリー）
https://only.co.jp/

オーダースーツ専門店。わたしは東京・銀座の
「ONLY京都TAILOR」を利用しています。
全国に店舗があり、オンラインで来店予約も可能

BUYMA（バイマ）
https://www.buyma.com

海外ブランド取り扱い6000以上の海外通販サイト

ブランドスーツ等のレンタルサイト

DMM.com いろいろレンタル
http://www.dmm.com/rental/iroiro

スーツのほかに、バッグやシューズもレンタルできます

ドレスレンタルCariru（カリル）
https://www.cariru.jp

こちらもスーツや小物、アクセサリーなど豊富

旬のスーツを買うという「自己投資」もあり

#キャリア女性
#大人の女性

今正社員として働いている人が、新しい一歩を踏み出そうとする。このときに意識してほしいことは、**今までの自分を手放す**こと。**気持ちも新たにがんばろう！　というモード**になってほしいのです。

せっかくなので、旬のスーツを、この際新調しましょう。新しいスーツを買うだけでも気合が入るし、背筋が伸びるので、無理のない範囲であれば、**新しいものを買うことをおすすめしたい**です。

「太って体型が……」と気にする人がいますが、なおのことスーツをおすすめします。ぽっちゃり体型を気にしている人ほど、ダボッとした服を選んでしまいがち。体型を必要以上に隠してしまうような服を着ているんです。

人は、洋服に合った髪型、表情、歩き方をしてしまいます。

ダラッとした服を着ている人は、バレリーナのように首と背筋を伸ばして大きな歩幅で軽やかに歩いてはいませんよね。

そう、**着ている服のせいで、余計に体型が崩れてしまう**のです。

最近では、オーダーメイドで女性のスーツをつくってくれるお店が増えていて、あなたにぴったりのものを、つくってくれます。一番のおすすめです。

値段も数万円から、仕立ても美しいので、決して高い買い物ではありません。

新しいスーツを着るだけで、**あなたは、ぜったいに生まれ変われます。**

似合う服を着ると、髪型も変えたくなるし、顔つきも変わってくるのです。

適度な流行を取り入れることにも、意味があります。

長年同じ会社にいる人は、自分のスタイルができ上がっています。無意識のうちに、価値観がこりかたまっている可能性も……。

そういう、**ガチガチの自分を壊すためにも、プロのアドバイスに耳を傾け、流行を取り入れながら、新しいスーツを仕立てる**のです。

Q 久しぶりにジャケットに腕を通してみたものの、どこか違和感が……

\#すべての人

A

久しぶりにジャケットに腕を通してみたものの、なんだかサマにならない。

「まるで服に着られてるみたい」

「顔が負けてる」

こんなふうに違和感を覚えることがあります。

それは、あなたのせいではありません。

たいてい、**髪型に問題あり**なのです。

忙しい日々を送っている女性たちです。

これまで自分のことは後回しにしてきた人もいるでしょう。本当にがんばってきましたね。でもここはちょっとだけ、自分をかまってあげてください。

・**生え際が「プリン」になっている**
・**案外、白髪が交じっている**
・**毛先が枝毛でなんとなくパサついている**

気になる人は、ここを**改善するだけで、かなり美人度が上がります。**

もっときれいになれる可能性があるっていいですよね！


髪型も、とにかく**清潔感と誠実さを出す**ことが大事だとわたしは思っています。

この際、バッサリいっちゃってもいいかもしれないですよ。

風水では、髪を思い切って切ることには、「古い自分を捨てて新しい自分に生まれ変わる」という意味があるそうです。なんだか心機一転できそうです！

女の人は、ヘアサロンに行くだけで、ちょっと気分が上がります。

鏡に映った自分が、いつもよりずっときれいに見えるからです。

そのなんだかウキウキした感情が成功の秘訣。わたしは美容院に行くことは、**自信をつけるための特効薬**だと思っています。

美容院を出たその足で履歴書の写真を撮りに行く

#すべての人

明るいジャケットをはおって、美容院へ。
髪型もスッキリして美人度が上がったと思います。
ここで忘れてはならないものが「証明写真」です！

まだ履歴書の写真を撮っていないという人は、ぜひとも**美容院を出たその足で、写真を撮りに行ってください！**

機械のスピード写真でもいいですが、もし、時間やお金に余裕があるのなら、プロのカメラマンがいる写真館で撮影してください。

どうしてもスピード写真で撮影しなければならない場合は、**スケッチブックを1冊**購入してから撮影しましょう。１００円ショップで売っていると思います。
スケッチブックの白い画用紙をひざに置いて撮影するのです。白い紙がレフ板

代わりになって光を反射してくれるので、**顔が明るく、きれいに撮れます。**

ちゃんとした身なりで写真を撮る。

実はこの行為こそ、**相手に敬意を示す**ことであり、社会人のマナーです。

企業は何もあなたを書類審査で落としたいわけではありません。

1人でも多くの「いい人材」を採用したいのです。そのために、「いいな、この人」と思える安心材料が欲しいのです。

プロに仕上げてもらった**一番輝いているあなた**で、企業人事担当の人に「いいね！」と、いわせるのです！

もちろん、**面接の直前**に美容院に行くのもアリです。
そのときは、アレンジが派手になりすぎないよう、
「これから面接なんです！　なので、清潔感あるスタイルでお願いします！」と、
ヘアスタイリストさんに一言お知らせしておいてくださいね。
「美容院が混んでいて面接に遅刻してしまった！」なんてことのないよう、
くれぐれも時間には余裕をもって。

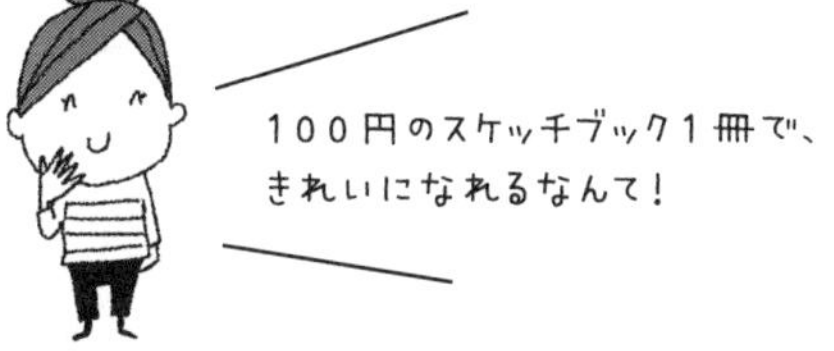
100円のスケッチブック1冊で、
きれいになれるなんて！

Q 面接や職場で失敗しないメイクを教えてください

#すべての人

A

10年間専業主婦をしていた友人が、子育てが一段落して社会復帰したということで久しぶりに会ってみると、「どこか時代を感じる顔」になっていました。

いや、老けたということじゃないですよ。メイクが10年前のまま止まっているんです。眉毛の形もチークのいれ方も、どこか古い印象なのです。

メイクはおそろしいほどに時代が出てしまうので、絶えずアップデートが必要。とくにメイクに自信がない人は、自己流に走らないほうが賢明です。

面接は、第一印象が命です。

そこで、プロの力を借りたいところですが、お金がないのでそんなに予算もかけられない……という方は、てっとり早い方法として、**百貨店のコスメコーナーに立ち寄ってプロにメイクしてもらってから面接に向かう**のがおすすめです。

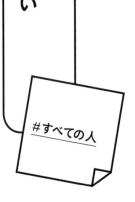

あ、これ、ひやかしみたいですが、リップを1本買うだけでもアドバイスをもらえるし、「いつか買いそろえたいもの」を学ぶためでもあるので、遠慮しないでください。

「今日これから面接なんです。ずっとメイクしてなくてどうしていいのかわからなくて駆け込んだのですが、ぜったいに採用されたいので、派手になりすぎない、**好印象に見えるメイクをお願いします！**　そして、お化粧直しで必要なものを最低限買って帰りたいので、アドバイスくださいませんか？」

と正直に伝えれば、美容部員さんは腕まくりして、力になってくれるはずです。

そして、**自信をもって顔を上げて面接に行ける**のです。

メイクをしてもらうのは、外見を磨くためだけじゃないんです。

自分への自信をもらうためでもあるんです。

朝から面接の場合は、前の日などに一度メイクをしてもらって、ある程度やり方やコツを聞いておくなど、工夫してみてください。

特に40代以上の方は、プロのアドバイスで**すぐにマイナス5歳以上**変われることもあるので、おすすめです。

Q 面接で緊張しない「おまじない」を教えてください

#すべての人

A

誰だって、面接ですから緊張しますよ。

だから、面接官も「この人緊張してるな。残念、不採用！」とはならないでしょうし、あまりにもリラックスモードでこられたら「緊張感ないのかな」「態度大きいな」などと、マイナスにとられることさえあるのです。

適度に緊張しているほうが人間らしいですし、**素直な人柄が伝わります。**

まさに**緊張してよかった**ということです。

それでも緊張して本来の力が発揮できなかったと思うなら、面接の最後に、**「すみません、すごく緊張してしまって」と笑顔でフォロー**しておけば、なんの問題もないでしょう。

それよりも面接官が見ているのは、**ごく基本的なところ**です。

ドアをノックしてから入ってきたか。

元気に感じよくあいさつができたか。
笑顔でハキハキ話しているか。
やる気がありそうか、など。

「え、そんなこと？」と驚かれたかもしれませんが、その人の第一印象は、何をいったかではなく、どんな態度だったのか、どんな表情をしているかで、ほぼ決まってしまいます。

いくら能力が高くても、暗い表情、無愛想な態度、ボソボソした声……これでは不採用ですよね。

できるだけ好印象を与えたいなら、朝から誰とも話さないまま面接会場に向かうことはＮＧ。その日の第一声が面接会場の「失礼します」では、眠たい声しか出せず、覇気のない人に見えてしまいます。

もちろん、発声練習をしたりすることも効果的ですが、

出がけにマンションの管理人さんに、ご近所さんに、面接会場の受付の人や守衛さんに**「おはようございます！」と大きな声と笑顔であいさつ**するなど、やろうと思えばチャンスは意外とたくさんあります。普段から「笑顔であいさつ」を習慣にしていれば、面接でも自然体でのぞめますよ。

おはようございます！
(元気にあいさつ)

本日は
よろしくお願いします！

#キャリア女性

面接でキャリア女性がぜったいに気をつけたい1つのこと

キャリア女性に気をつけてほしい、たった1つのポイントがあります。
それは、**必要以上に「自分の過去をアピールしすぎない」**こと。
輝かしい実績がぎっしり書かれている職務経歴書。
そのペーパーだけで、あなたのやってきたことは十分伝わっているはずです。
面接官が知りたいことは、それとはまったく逆のことです。

書類に書かれたきらびやかな過去を、きれいさっぱり捨てることができるか。
新しい会社や仕事で、何もないところから、あなたがイチからがんばれるか。
この先、あなたという人が、成長できる人なのか。
そこが知りたいのです。
極論すれば「過去にあなたがどれだけがんばってきたか」は、関係ありません。

むしろ、自分のいる（いた）会社や肩書を捨ててもいいと思っているのか。
あなた自身の**未来への覚悟**が、面接で問われるのです。

だから面接では、シンプルにこう伝えればいいのです。

「今までさまざまな経験をしてきましたが、これからは、この仕事（御社）で、イチから学び直し、こんな貢献をしていきたいと思います。そして、1日でも早くみなさんのお役に立てればと思います！」


過去と決別して、謙虚に学んで成長したい。

イチから新しいことを身につけたい。

そして、会社やチーム、お客さまに貢献したい。


バリバリのキャリアウーマンから、このような、**謙虚で前向きな言葉**が飛び出したとしたら、面接官はどう思うでしょうか。

「一緒に働きたい」と思うはずです。

ネイルにも気持ちを高める効果が！

#すべての人

「もっと、気分を上げたい！」という人には、ネイルがいいかもしれません。

わたしはもともとネイルをマメにするほうではなかったのですが、体調を崩したときに爪の先端が割れやすくなってしまったので、爪の強化のためにネイルを始めました。指先がきれいだと、なんだかやっぱり気分がいいんです。

誰が見るとか、誰に見せるとかではなく、これは完全に自己満足の世界。

自分の指先って、1日に何回も目に入るんですよね。

そのたびに「あ、きれい、うふふ」となれることが、すごくいいんです。

髪型もそうですが、**「気分がよくなる」きっかけをたくさんもつ**こと。

そのほうが、いい精神状態を保ちやすいのです。

とくに落ち込みやすい人やイライラしやすい人にはおすすめです。**輝くネイルを見るだけで気持ちをリセット。**お値段以上の価値があると思いませんか？

余談ですが、ネイルを塗ることで認知症に効果があるという調査結果がありま
す。

岡山の吉備国際大学の調査によると、ネイルを塗った認知症患者さんの表情が豊かになったそうで、なかには身の回りのことができるようになった人まで現れたそうです。

忙しいと、サロンに行く時間がないときもありますよね。そんなときは自分でケアを。わたしは、時間のないときは**爪磨きをして自爪をピカピカに**しています。

ちなみに面倒くさがりのわたしが使っているのは、**ドクター・ショールのベルベットスムーズ電動ネイルケアキット**というもの。電動なので早く仕上がる点もうれしい。おすすめです。

面接会場で待っている間に、ピカピカの自分の爪を見て、心の中で「よし！」と自分に一言かけてあげましょう。

輝いているあなたの姿は、採用担当者の目にも輝いて映るはずです。

面接であなたが一瞬でキラリと輝く魔法の伝え方

#すべての人

同じ情報を伝えているはずなのに、
なぜだか「いい人」だと思える人と、

「残念な人」に見えてしまう人がいませんか？

そう、話す「中身」が同じだとしても、

「伝え方」ひとつで印象は180度変わってしまうということ。

このことをぜひ知っていただきたいのです。

第2章で、毎日の「よかった」探しを習慣にすることで陽転思考を身につけましょうとお話ししました。


あなたが使う言葉はあなたがどんな思考グセをもっているかによって変わってきます。だから陽転思考は、伝え方にも応用できるのです。

そして伝え方ひとつで、あなたの印象は大きく変わります。

あなたが「伝え方」を最初に発揮する場面、それは採用面接です。

正直で優しいあなたは、つい、「わたしぜんぜんダメで……」

「自信がないんです」とそのまま素直に口にしてしまいます。

もちろんその素直さは、ぜんぜんマイナスではありません。

ただ、それだけでは「この人と一緒に働きたい！」とはなりませんね。

「魔法の伝え方」のやり方は実に簡単です。

事実を受け入れ、その上でポジティブな「つけ足し」をすること。

たったこれだけで、あなたの印象は１８０度変わります。

さっそくやってみましょう。

●3年間、会社勤めをしていなかった場合

面接では、どうしても、こんないい方をしてしまいがちです。

「社会との接点が3年もなかったので、たしかにブランクはあります……」

厳しそうな面接官を前に、つい遠慮がちにいってしまう人が多いと思います。

しかし、これだと、「ブランクがマイナス」という表現になってしまいます。

このいい方に、次のような言葉をつけ足します。

「ただ、主婦になる前は苦手だった雑用や時間管理が得意になりました。たしかにブランクかもしれませんが、人間成長としてのブランクはありません」

●職場の平均年齢より2回り以上、年上の場合

「周囲の方と年齢が離れているので、浮いてしまうかもしれません」

ここに、つけ足します。

「けれど、だからこそ、遠慮しないで仲間になれたらと思います。そして、若い社員さんたちの相談役として、お話を聞くことができると思うのです」

●セールス未経験者の場合

「セールスの経験がないので……今はまだ、自信がありません」

つけ足します。

「しかし、だからこそ、既成概念にとらわれず、新しいアイデアを生み出してみせます。昨日までお客さまの立場だったわたしですから、もっとも近い距離で、お客さまに寄り添える自信だけはあります」

●シングルマザーの場合

「離婚してシングルマザーですので、時間のやりくりは大変です」

つけ足します。

「でも、ずっと1人で子どもを育ててきたので、そのぶんハングリー精神だけは誰にも負けない自信があるんです。何しろわたしには逃げ場がありませんから。どんなきつい仕事でも、進んでやらせていただきます」

どうですか？　伝わり方変わりましたよね？

あなたが採用担当者だったら**「採用！」と即決したくなるはず**です。

また、志望動機を語るときにやってしまいがちなのが、前の会社と比較して、「だから御社がいい」ということ。これはＮＧです。

よくあるのが、「前の会社は人間関係があまりよくありませんでした。そのため御社のアットホームな社風に魅力を感じました」という一言。

このいい方だと、ほめているようで、ほめ言葉になっていません。

いい換えるならこう。

「前の会社は個人主義で社員ひとりひとりの意見を尊重してくれるぶん、チームで動く機会は少なかったかもしれません。だからこそ御社のアットホームな社風に魅力を感じましたし、社員同士切磋琢磨できたらうれしいです」

受ける印象はガラリと変わるでしょう。

あくまで、人間関係がよくないなどの**「いい悪いの感情」を乗せず、ただ事実を伝えることで、全体の印象がポジティブに変化します。**

これ、一見むずかしそうに思えるかもしれませんが、

どれも**「よかった探し」の延長です。**

事実は事実として受け止めながら、同時によかった探しをする思考グセをつけておくことで、言葉の選び方も自然と変わってくると思います。

即「採用!」といわれる魔法の伝え方

例　3年間、会社勤めをしていなかった場合

「社会との接点が3年もなかったので、
たしかにブランクはあります。 ただ、主婦になる前は
苦手だった雑用や時間管理が得意になりましたので、
人間成長としてのブランクはありません」

例　職場の平均年齢より2回り以上、年上の場合

「周囲の方と年齢が離れているので、
浮いてしまうかもしれません。 けれど、だからこそ、
遠慮しないで仲間になれたらと思います。
そして、若い社員さんたちの相談役として、
お話を聞くことができると思うのです」

例　営業未経験者の場合

「営業の経験がないので……今はまだ、
自信がありません。 しかし、だからこそ、既成概念に
とらわれず、新しいアイデアを生み出してみせます。
昨日までお客さまの立場だったわたしですから、
もっとも近い距離で、お客さまに寄り添える
自信だけはあります」

**ポジティブな「つけ足し」で、
あなたの印象は180度変わります**

前向きな一言があると、採用担当者も
「一緒に働きたい人」だと評価するはずです

「教えてください」と「ありがとうございます」で印象は変わる

#働いている人

本当に仕事のできる40代後半以降の女性たちには、意外な共通点があります。

それは、**礼儀正しい**ということ。そして、**公平である**ということ。

目上の方だけじゃなくて、自分よりも年下の人に対しても、とても礼儀正しい人が多いのです。本当に見ていて気分がいいですよね。

頭を下げることができたり、素直に感謝できたりする。

書けばあたりまえのことだけれど、
プライドが邪魔をして、素直に謝れない人は多いと思います。


大手企業から中小企業への転職をする女性で、無意識のうちに、中小企業を下に見てしまう人がいます。こういう人は、転職活動がうまくいきません。キャリアが足かせとなり、面接に落ちまくるのです。

なのに「女性だから落とされた」「年齢で落とされた」と勘違いするのです。
人としての基本である、相手を尊敬する気持ちや礼儀正しさが足りないから、
落とされたことに気づかないのです。

素直で礼儀正しいって、それだけで好かれますよね。
もはやこれは、**重要なビジネススキル**でもあるのです。

バリバリのキャリアウーマンの人ほど、ご自身を振り返ってみてください。
最近、誰かに「教えてください」と頭を下げたこと、ありますか？
年下の人にも、年上の人と同じように接していますか？
自分が間違えたときは、素直に「ごめんなさい」と、いえましたか？
周囲の人たちに、「ありがとうございます」と、感謝を伝えていますか？
普段の態度は、面接のちょっとした一言からも垣間見えてしまうものです。
あなたの人としての器が、今まさに問われているのです。

第５章　おさらい

- 一歩踏み出すなら、ぜったいに今！
- 仕事と家庭の両立はできない。
  がんばりすぎないこと
- 「未経験者歓迎」のお仕事は、
  本音ベースで未経験者を求めている
- 履歴書は①文字 ②写真 ③ハンコをチェック！
- 面接の服装は
  「ジャケット＋シャツ（カットソー）＋
  ひざ下丈スカート」がおすすめ

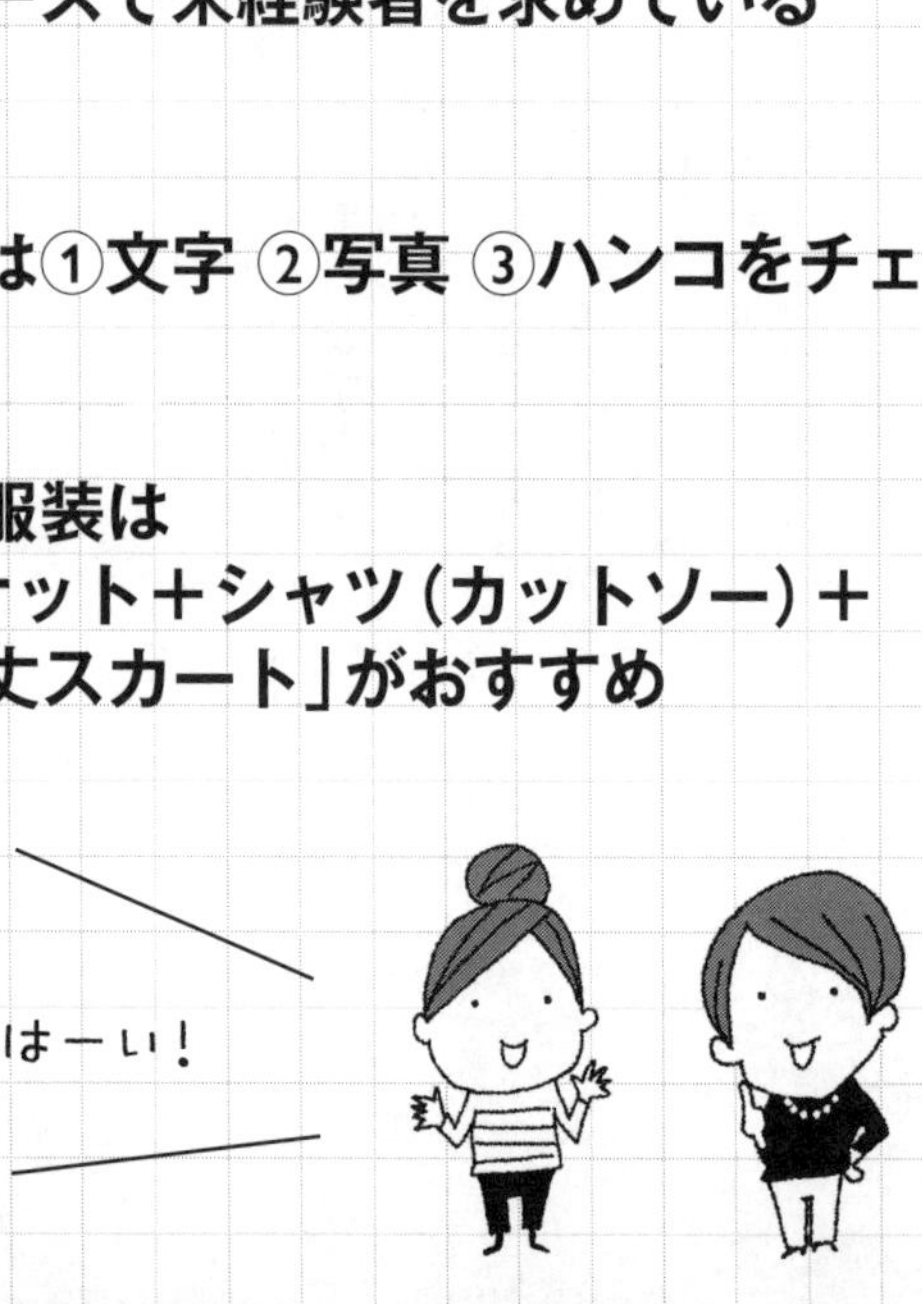

第5章　おさらい

- スーツやジャケットが似合わないときは、髪型に問題ありかも
- メイクに自信のない人は百貨店のコスメコーナーに行く
- 大きな声と笑顔であいさつをしてから面接に臨む
- 伝え方に工夫を。ポジティブのちょい足しで、一気に好印象に！

Column

カセギスキルで、家族のあり方も変わる

じわじわと増加傾向にある若年無業者。彼らが働けない理由は、母親が子離れしないせいだといわれています。

「わたしがいないとダメなの」

そんな状態をつくることで自分の居場所を家庭の中に見つける母親。

子どもはかいがいしく世話を焼く母親を見て「自分はここにいていいんだ」と安心感を覚えるのだといいます。

共依存の関係は居心地がよいため、お互い自立できないまま過ごし、親が歳をとったときに貧困の世界へ一直線。高齢親子の貧困問題は社会問題になりつつあります。

これでは、本当の幸せはやってきません。

ではどうすればいいでしょうか？

母親が仕事や趣味を見つけて外に出て行くのです。

「同僚のAさんがね……」

「次の日曜は仕事だわ」

などと、母親自身が忙しくしている姿を、子どもに見せることも大切です。

母親の意識が外に向いていると家庭の風通しがよくなります。

子どもは、自宅にひきこもっていても誰もかまってくれないので、自然と部屋から出てくるのだそうです。それどころか、自立して遠い存在になった母親を、1人の人間として尊重するようになるといいます。

カセギスキルは、社会問題とも密接に関わっていて、身につければ家族のあり方をも変えられるのです。

稼げる技術

第6章

人生100年時代！
一生食べていけると、
あなたがキラキラ輝く！

100歳まで生きる時代だから、「いくつになっても稼げる技術」はとっても大事！

2016年の日本人の平均寿命は女性87・14歳、男性80・98歳と過去最高を記録。10年後には医療もさらに発達し、**平均寿命も100歳になる**といわれています。

100歳ですよ？　きっと定年年齢も今後はぐっと上がっていくでしょうが、現段階では「65歳まではなんとか面倒みるけれど、あとは自助努力でお金をなんとかして生きてくださいね！」という感じです。65歳からあと35年も、です！

健康も見えない、お金も見えない、けれど生きてしまう。

そんな先行きの不安が多い世の中だからこそ、老後のための貯蓄、老後の資産運用と騒ぐ人が多くなっているのです。

けれど、老後の心配ばかりして貯蓄して生きていく人生って、ちっともわくわくしないですよね。そんなことよりも、わたしたちには**健康でお金も手に入る**方法が、**たった1つだけ、ある**のです。それが**働くこと**なのです。

女性が一生働く時代に

これからの女性社会

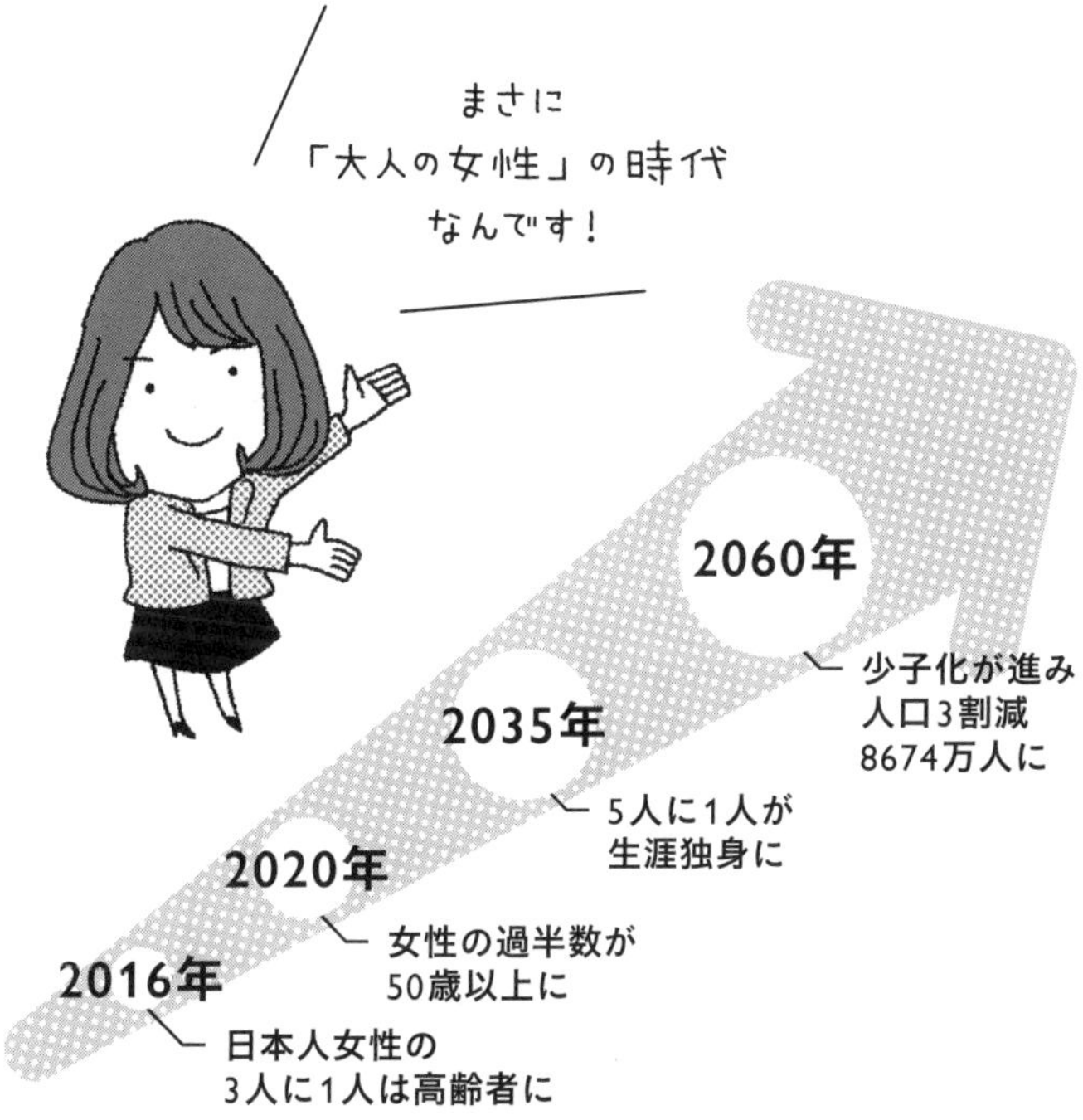
まさに
「大人の女性」の時代
なんです!
2016年
日本人女性の
3人に1人は高齢者に
2020年
女性の過半数が
50歳以上に
2035年
5人に1人が
生涯独身に
2060年
少子化が進み
人口3割減
8674万人に

2020年には、女性の過半数は50歳以上に

一生「節約」して生きていくなんて、やっぱり限界があります！

最近、「富女子《ふじょし》」という言葉を耳にすることがあります。

貯蓄額1000万円を目標にする若い女性を指すそうで、月収20数万円で、いかに無駄を省いて出費を抑えられるか、日々知恵を絞っているとのこと。

ランチは手づくり弁当が基本、飲み物は水筒で持参、月1万円のスポーツジムを退会し、1周5キロのランニングコースを自宅周辺で楽しみます。飲み会にも行かないみたいなので、とにかく質素で、ある意味健康的な生活です！

しかし、生活を切り詰めてまで彼女たちが「お金を貯める」ことに一生懸命なのは、海外留学のためとか明確な目的があるからではないようです。

ただただ「男性の収入はあてにならない」「年金もあてにならない」「終身雇用なんかない」という3つの「ない」が重なって、「老後の生活が不安だから、今から節約しなきゃ」という漠然とした思いからくる**「得体の知れない不安のかたまり」に対する防衛**なのだそうです。

20代女性の貯蓄意識は高い

将来に備えるか、毎日の生活を充実させて楽しむか（女性）

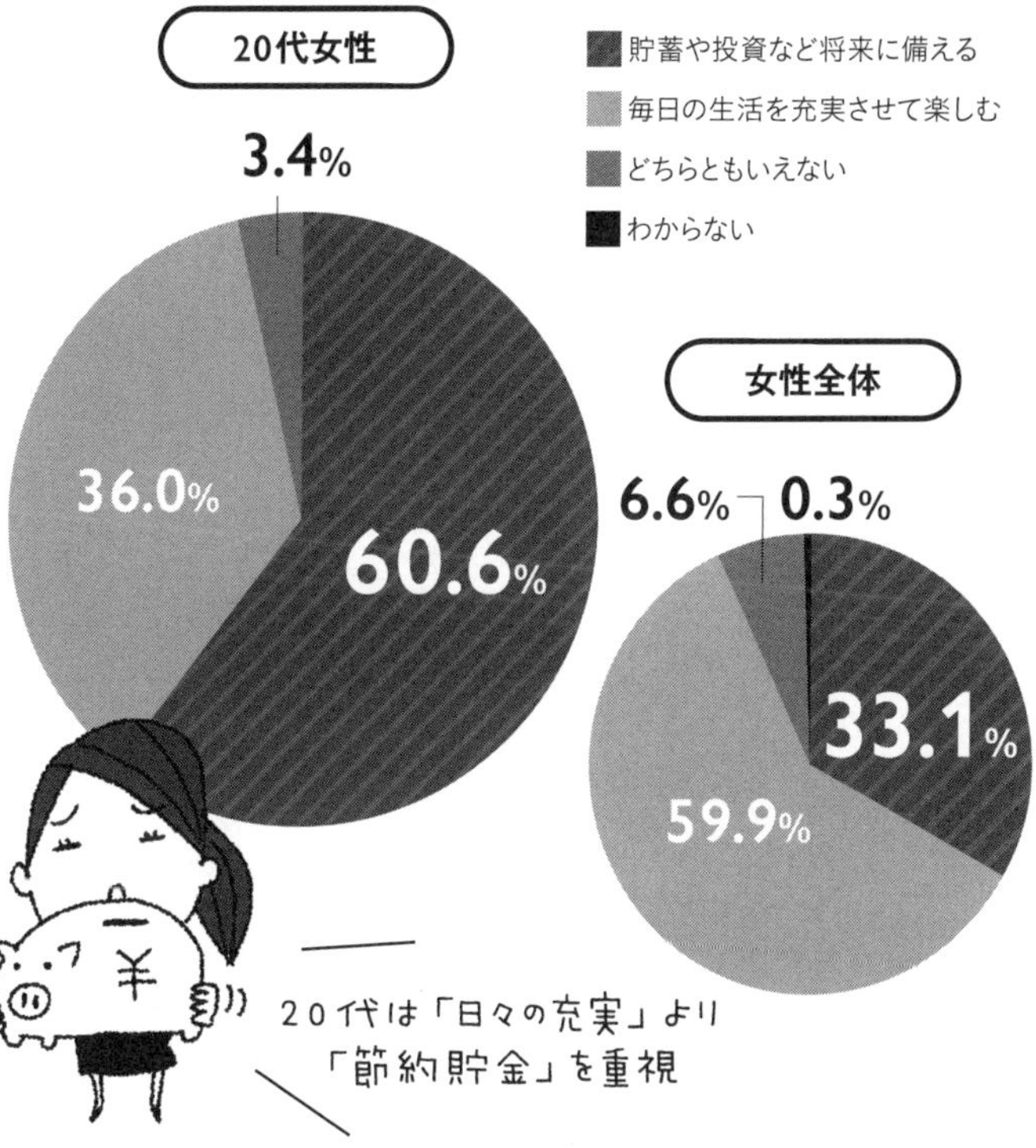
20代女性
貯蓄や投資など将来に備える
毎日の生活を充実させて楽しむ
どちらともいえない
わからない
3.4%
36.0%
60.6%
女性全体
6.6%
0.3%
33.1%
59.9%
20代は「日々の充実」より
「節約貯金」を重視

内閣府「国民生活に関する世論調査」（2014年度）をもとに作成

心配だから貯金や投資をおこなう20代

たしかに、楽しくムダなく節約することは、経済的にも環境的にもすばらしいことだと思います。でもせっかく今を生きているのに、今だからこそ経験できることまで制限してしまうのは、もったいないと思います。人生一度きりですしね。

旅行で新しい世界を体験したり、おいしいものを食べて新しい料理を知ったり、外に出て新しい人と出会ったり、学校に行って知識を身につけたり。

人生経験を増やして、自分を成長させ、豊かな人生を送るためにお金を使ったほうがいい、とわたしは思っています。

人生１００年時代、１００年節約して過ごすと考えると、どうしたって無理が出てくる気がしませんか？

支出を削って毎月決まった金額を貯金することで、通帳の数字は増えるかもしれませんが、この先の人生の経験値が大きく増えていくことはないでしょう。

あ、貯金がダメとはいってないですよ。

現にわたしも20代からちゃんと貯金しています。

ブランドものばかりではなく、安いものも賢く選んでいます。

わたしはとにかく、**「使う」も「貯める」も両方をとれる、もっと欲張りでわくわくした生き方**を、おすすめしたいのです。

もうひとつ。わたしたち女性は今、**思っているよりも「自由」**です。

国のデータによると、20代後半の女性の半数以上、10人に6人は独身（50代女性は10人に1人）だそうです。同棲、事実婚、契約結婚、パートナーシップなど、生き方の選択肢も増えました。

○歳までに結婚、出産して……という考え方が普通ではなくなり、ようやく、もっと自由で自分らしい選択が「あたりまえ」の時代になってきているのです。

これは本当に女性にとってはチャンスです。

もっと自分の才能を開花させることができ、可能性が山のように増えていくからです。

でも、自由には責任が伴いますよね。

自由に生きていくためには、

「自分で自分を食べさせてあげる力」が必要となります。

だから、**カセギスキル**なんです。

100歳まで
節約し続けるのはたしかに厳しいわ…

「年齢不問」は、年齢を重ねた人のほうが有利！

年齢を重ねていく、**すべての人に朗報**です。

今では日本の**女性の約3人に1人は65歳以上**です。そのような時代で、年齢を重ねることをまだマイナスだと思っていますか？

いや、たしかに日本の男性の多くは「若い女性」を好みます。年を重ねていくにつれ、男性の対応の変化に、傷つく女性もいるかもしれません。

でも、冷静になりましょう。世の中の半分は女性なのです。

何も男性だけをターゲットにして生きることはありません。女性が活躍できる場所でのびのびと、もっと自分を輝かせたほうがいいと思いませんか？

これからは、年齢を重ねたからこそ、優位に立てる時代です。

つまり、**高齢化社会は仕事をする上では、むしろプラス**なのです。

対面で接客する際、お客さまのニーズを理解し共感することは大切なポイントだと第3章で書きました。この**共感力は、人生の経験値に比例**します。

年齢を重ねた人のほうが、経験値が高いとすれば、セールスをする上では年齢の高さが有利に働くこともあるのです。

想像してみてください。こんな経験はないでしょうか。

20代の頃と比べて、似合う色が変わってきた。そう感じて、今の自分にふさわしい口紅を買いに行ったのに、若い美容部員さんに「今年の流行色」をマニュアル通りにすすめられてしまい、戸惑ってしまった。

あるいは「最近肌がくすんできたな……」と、年齢を感じて、ビタミンサプリを探していると、人生経験豊富な60代の販売員さんから、実体験を踏まえておすすめ商品を説明された。すごく説得力があるし、肌にハリのある60代販売員さんの姿を見て、ひとまず1カ月分のお試しパックを購入……。

ついに老眼の症状が出てしまった。気が進まないもののメガネ屋さんに行くと、50代のダンディな販売員さんに声をかけられた。

「そうでしたか。わたしはとくに老眼が早かったので、最初は受け入れられなくて……。あの、もしよろしければ、わたし自身が使って本当に納得した商品をご紹介させていただけませんか？」

こんなふうにいわれたら、とっても心強いですよね。

セールスは年齢不問の職業なんです。

なぜなら、**お客さまと共に年齢を重ねていける仕事**だから。

30代には、30代の販売員が心地いいかもしれません。40代には40代、50代は50代の……と、この先もずっと、同世代や後輩世代のお客さまに共感していただき、商品やサービスを提供することで、応援することができます。

なんだかちょっと、すてきな仕事だと思いませんか？

人材価値は38歳を境に逆転すると、わたしは考えています。

若いうちは、学歴や専門知識があれば、コミュニケーション力は二の次でも許されるでしょう。しかし、38歳を過ぎて人生のベテラン領域に入ってくると、人の気持ちがわからない人間は、残念ながら淘汰されていきます。

もちろん、若くてコミュニケーション能力が高い人もいるでしょう。

けれど、経験していないことはどうしたって語れないものです。

面接会場で、「もしかして、わたしが最年長？」と感じたら、「やった！　わたしが一番イケてるわ」とガッツポーズをするくらいの気持ちで臨んでください。

年齢はその人の魅力そのものです。堂々と差を見せつけちゃいましょう。

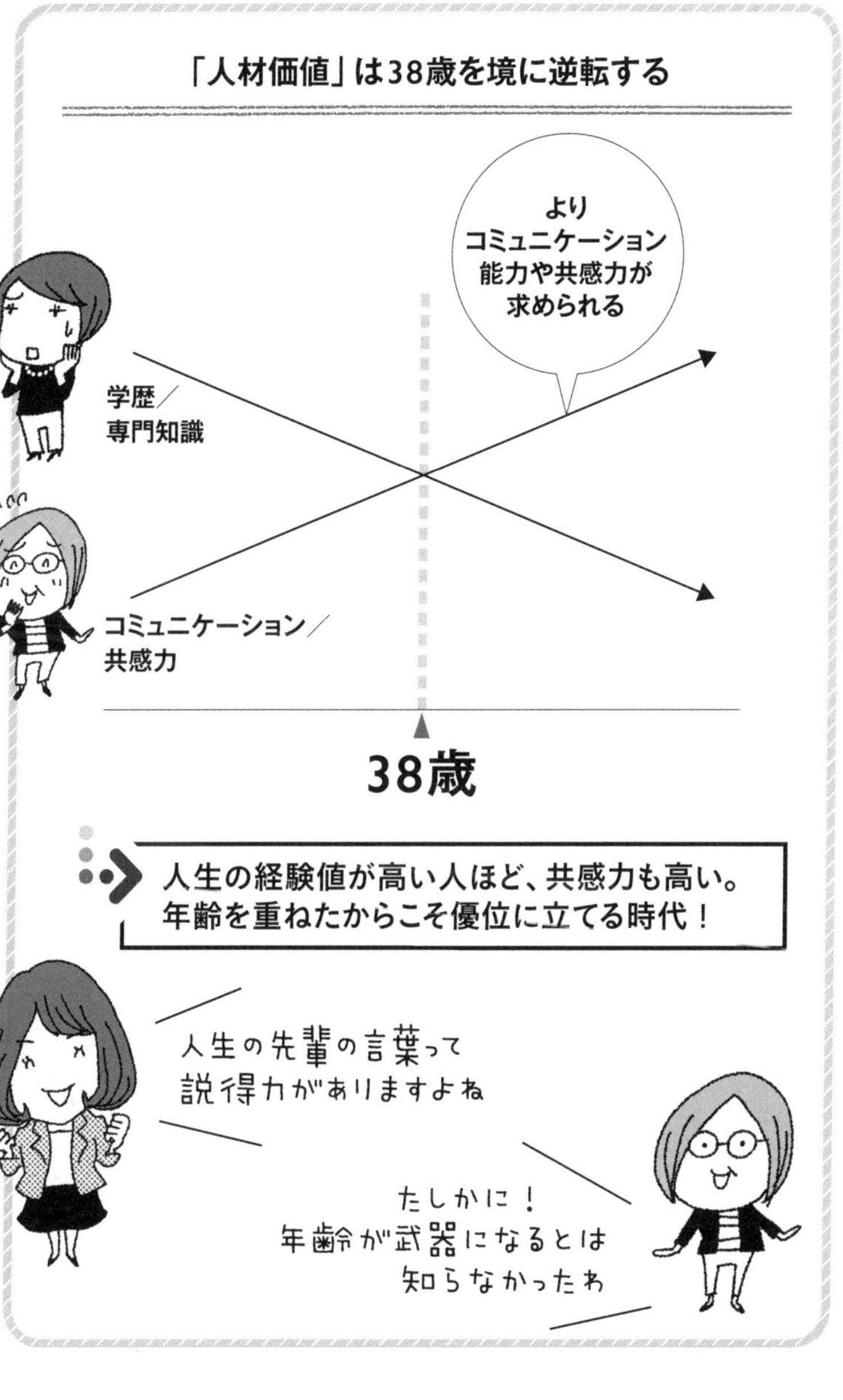
「人材価値」は38歳を境に逆転する
より
コミュニケーション
能力や共感力が
求められる
学歴／
専門知識
コミュニケーション／
共感力
38歳
人生の経験値が高い人ほど、共感力も高い。
年齢を重ねたからこそ優位に立てる時代!
人生の先輩の言葉って
説得力がありますよね
たしかに!
年齢が武器になるとは
知らなかったわ

女性にとって武器となる「コミュニティ財産」

「コミュ力」は、男性よりも**女性のほうが圧倒的に高い**のです。

「定年退職後の生きがい」に関する調査によると、「定年後の人」の生きがい第1位は、男女共に「健康を維持すること」ですが、興味深い数字が次の答え。

「パートナーの存在」と答えた男性が44％に対して、女性はたったの21％。

女性は、パートナーの存在よりも「友人との交流」「勉強などで知識を深める」など、**外向きなことに生きがいを感じている**のです。

この結果を「男性って女性よりもパートナー（妻）をすごく大事にしているんだ！」と思うことで終わらせたほうが平和かもしれませんが、この数字が本当に意味するのは、ちょっとシビアな現実かもしれません。

仕事上のつきあいしかしてこなかった男性には、一緒に旅行に行ったり何でも話せたりする友人がすごく少ない。また、新しいコミュニティで仲間をつくるのも苦手。結果、「パートナー（妻）」しかいない、という意味なのです。

ひるがえって、長年、家庭、ママ友、義理の母、学校の先生、ご近所さんなど多種多様なコミュニティで人づきあいをしてきた女性には、男性以上にコミュ力を磨く必要があったので、気配り、人の話を聞く、といった**カセギスキル2の「好かれるスキル」を、自然と身につけてきた人が多い**のです。

男性は「上場企業」（勤めている会社名）、「課長」や「部長」といった会社での役職などの**「社会財産」**をもっている人は多いと思います。ところが、この「社会財産」は会社をやめると、みるみるうちに減っていきます。

一方の女性には、社会で培ってきた**「コミュニティ財産」**があります。

だから、定年後の「生きがい」に、このような男女差が生じるのです。

たとえば、知り合いのYさんも最初は「わたしは母になって20年、家事と育児しかしてきませんでした」と、なかなか一歩踏み出せませんでした。

けれど、よくよく話を聞くと、実はＰＴＡの役員を3年間務めた経験があったのです！　これはまさしく**「コミュニティ財産」のもち主。**

ＰＴＡは無償でおこなう活動です。金銭が発生しない組織でイベントを企画し、予算を立て、集客し、当日の運営までこなします。

仕事としてやるならまだしも、無償でおこなうのですから、人から信頼されていないとできません。

Yさんの経験は、職務経歴書や資格欄には書けなかったかもしれません。

しかし、それらの経験を的確に自信をもって伝えることで、50代でしたが、ある会社に採用が決まりました。そして今**「一緒に働くと居心地がよい人」**として、職場の人たちから重宝がられています。

昨年仲間入りした弊社のスタッフKさんもまた、コミュ力に優れた方です。Kさんがきてくれてから、キッチンがピカピカになり、神棚の榊が枯れなくなったのです。わたしが出社して座ったとたんに、いれたてのおいしいコーヒーが出てきます。

わたしは休日1人で出張に行くこともあります。スタッフは公休なのですが、彼女は早朝でも「気をつけて行ってきてください」と、メッセージをくれます。

何の指示もしていないのに、このような気配りができるのは、まさに「一緒にいて居心地のよい」人。彼女も50代ですが、このようにコミュ力を発揮して活躍しているのです。

誤解のないように補足すると、今までのオフィスが汚かったわけではありません。ほかのスタッフもみんな気配りができます。ですが、なんというか、彼女の場合「お母さん度」が高い。実家に帰ってきたかのような、リラックスできる環境をつくるのがうまいのです。

「わたしなんかが、世の中のお役に立てるのだろうか？」

こんなふうに悩む人は多いかもしれませんが、**謙虚で周囲に気配りができる人こそ適任**です。頭のよい「先読み」ができる人ですから。

「職場活性化準1級」みたいな資格があれば、もっと女性が活躍できる場所が広がるはずです。

仕事から長く離れてしまっている人でも、こうした力を培っているはず。自信をもってください！　ぜったいに大丈夫です。

「コミュニティ財産」がすばらしいのは、「財産」というとおり、どんどん貯めていけるということ。

これから先、あなたが生きていく力として、一生増やしていける財産。

それがコミュニティ財産なのです！

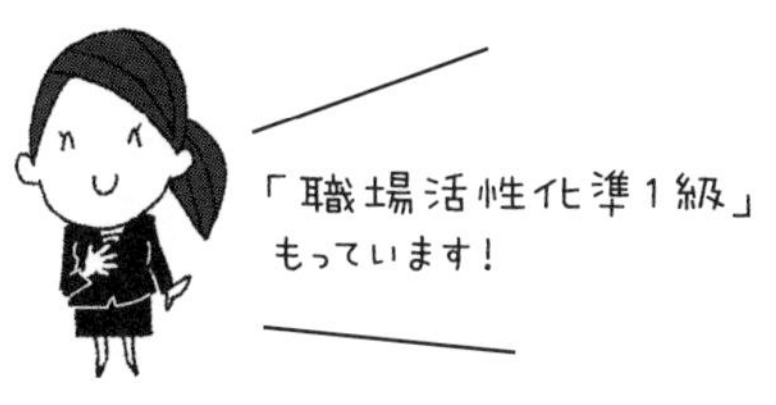

誰かに必要とされるから、一生続けられる

ここまで、カセギスキルが年齢不問で、一生もののスキルであることを、さまざまな角度からお話ししてきました。どうでしょうか？

「自分にもできそう」という気持ちになってきましたか？

家庭に入って、長く社会との関わりがなかった人にとっては、そうはいってもまだまだ勇気が必要な世界かもしれませんが、
何度もお伝えしているとおり、何事もやってみないとわかりません。

悩んで考えていても、人生の時間はいたずらに過ぎていくだけです。

まずは「自分トレーニング」だと思って、**行動することが何より大事です。**

そしていつの日か、新しいご縁で人とつながり、さまざまな人たちから
「いつもありがとう」

「あなたがいてくれて本当によかった」

「○○さんが担当だから、お願いしたのよ」

なんていう言葉をかけられたとしたらどうでしょうか？

やっぱりうれしいですよね。自信、つきますよね。自分を誇れますよね。

人生が確実に輝きますよね。


先日とても感銘を受けたのは、「ワイシャツ界の生き字引」と呼ばれる山口道子さん86歳のお話です。オーダーシャツを国内で生産販売しているフレックスジャパンという会社の縫製を担当している方です。

14歳で働き始め、縫製のスピードと技術の高さが認められてからは、39歳から定年間際の59歳までに韓国、台湾、中国、インドネシアで技術指導をされました。世界各国の教え子から「日本のお母さん」と慕われています。

「本当に、ありがとう」

「わたし、こんなに上達しました」

「お母さん、今度いつ来ますか」

かわいい教え子たちが覚えたての日本語で書いた手紙が届く、そんな人です。

60歳の定年退職まで立派に勤め上げ、一度は区切りをつけたつもりでした。

しかし、山口さんは22年後に、突然会社に呼び戻されます。

山口さん不在の間に縫製工場は活気を失ったそうです。そして、若手の技術向上を目的として、山口さんは再雇用されました。

そのとき山口さんは82歳になっていました。夫に先立たれ、ひっそりと余生を送っていたなかで受けた、思いがけないオファーだったそうです。

山口さんは期待されたとおり（いやそれ以上？）、若手育成に貢献し、「彼女がいてくれたことで工場が息を吹き返した」と、会長の矢島久和さんが自ら感謝の言葉を述べています。

能力があり、みんなから慕われ愛されるような人に、

企業は「もう休んでいていいよ」なんて、ぜったいにいわないんですよね。

社会に貢献して感謝され、「いつまでも続けてほしい」と誰かに必要とされる。

だから、元気に働き続けられる。病気をしているヒマなどありません。

そうするうちに、気がついたらおばあちゃんになっていた。

そんな山口さんを見て、

働くことは、生きることそのものなのだと思わされました。

一生働けるカセギスキルを身につけた人たち・2つのサンプル

カセギスキルが生かせる範囲は、いわゆる「営業職」だけに限りません。

3つのカセギスキルを身につけると、あらゆる仕事に生かして稼ぐことができます。また、キャリアアップにもこのスキルが一役買うことがあります。あるいは、セールス力を磨くことで、フリーランスでも安定して稼げるようになります。

ここでは2人の例をご紹介します。

それぞれ、仕事内容も背景もバラバラですが、共通するのは「稼げる技術」を身につけてから、仕事はもちろんのこと、人生も大きく変わったという点です。

さっそくご紹介しましょう。

サンプル①

利用者から100人を統括するリーダーへ

エステサロン勤務　シニアマネジャー・山本麻知代さん

エステサロンで働くエステティシャンとしてキャリアをスタートさせ、約20年の月日を経て、現在は11店舗、約100名のスタッフを育成する現場マネジャーをしている山本さん。今や女性部長候補となった彼女とわたしが出会ったのは、13年前のことでした。

実は山本さんは、このエステサロンのお客さまだったのです。もともとはエステティシャンになりたいとは思っていなかったようですが、通っているうちに興味がわいてきて、その後、ご縁があってエステティシャンとして働くように。そこから彼女のキャリアは大きく変化します（チャンスってどこにあるかわからないですよね）。

「和田裕美さんと出会ったのは、エステティシャンになって6年目でした。店長を任され、スキルに不安があったころ、書店で『世界No.2セールスウーマンの〈売れる営業〉に変わる本』(ダイヤモンド社)と出会い、営業をイチから学んでみようと思ったんです。そしてそこからどんどん人生が好転したのです」

営業力を身につけて業績がアップしたのはもちろんのこと、何より山本さんの一番の変化は、メンタルが強くなったこと。現場では日々さまざまな事件が起こります。お客さまからクレームをいただいたり、部下に仕事をやめたいと突然いわれたり、上司から厳しいことをいわれることも……。

「そんなときこそ、和田さんに教えてもらった陽転思考の『よかった探し』です。モヤモヤする時間が減り、切り替えが早くなると、ストレスを感じなくなりました。前向きに考えられるようになると行動量は増え、それが成果につながり、自分に自信がもてるようになりました。『よかった探し』を社内に広めることで、スタッフの離職率も減りました」

かつては目標に掲げていた出店計画が思うように進まず、先がまったく見えない時期もありましたが、2017年は2店舗出店し、店舗数は過去最大の11店舗に拡大。それに伴い、直近の平均月商は過去最高の1億3000万円になったそうです。山本さんが管理職になった当初の月商は8店舗で6700万円でした。

その差は歴然です。

「和田さんから営業スキルだけでなく思考法や話し方、メール文章の書き方、リーダーシップなど、さまざまなアドバイスをいただきました。常にブラッシュアップしながらお話ししてくれるので、何回聞いても学びがあります。とっても感謝しています」

お客さまとして通っていたエステで働き始めて、現在はシニアマネジャーとして活躍の麻知代さん、本当にすごいです！
自分がいいと思ったサービスの「提供する側」になるって最強だと思いませんか。うそいつわりなく、本音でよさを伝えられますし、もっとお客さまに喜んでもらおうと努力できるから。
「やりたい仕事が見つからない」人のヒントになるかも！

サンプル②

限られた時間で稼ぎ、子ども2人を名門大学へ

シングルマザー――ラジオディレクター(フリーランス)・杉山映美さん

幼い娘2人を抱えての離婚、将来が不安でした。

そう語る杉山さん。もともとラジオのディレクターの仕事をしていましたが、子どもが生まれたことにより会社をやめ、その後離婚。

シングルマザーとなった彼女は、子育てとのバランスもあり、お弁当屋さんでお昼だけパートをしていました。でも、その給料だけでは生活費もかなり厳しい状況だったとか。

「パートタイムは時間給。なので、1時間でも長く働けばお金がもらえる。そういう発想で、とにかくお弁当屋さんのシフトを入れまくっていました。でも、どれだけ働いてもラクにならず、先行きがとっても不安でした」

そんな状況のなか、「ブランクはあるけれど、過去の経験を生かしてみよう」と、

以前働いていた職場に出向き「仕事をください」とお願いしました。それこそが、彼女がフリーのラジオディレクターとして自立するきっかけとなったのです。

当時、ネット社会の到来とデジタル化の波で、ラジオ制作は以前の作業とは大きく変わっていたため、最初はアシスタントディレクターとしてイチからラジオの現場を学び直しました。そして数カ月後。

運よく、ディレクターとして仕事をもらった復帰第1弾がなんと、和田裕美のラジオ番組「WADA CAFE」だったのです！

「音楽番組の担当をしてきたわたしにとって、作家さんと組むのははじめての経験。発言、思想など、もう何もかもすべてが新鮮で……。でも、収録を重ねるたびに、和田さんのメッセージが心にどんどん響いていって、いつしか和田さんのエッセンスがわたしの血肉となっていたようです」

たとえば、「仕事をください」と人にお願いする前に、こちらから与えよう（ギブしよう）とする考え方。杉山さんは、こう考え、実践したそうです。

「『どうすればリスナーにとってよい番組づくりが実現できるか』を、時間を見つけてはスタッフと話し合い、自分ができる提案を無償でし続けました」

リスナーのことを真剣に考え、提案する。そのこと自体が、杉山さんのプレゼンになり、人づてに広まって、番組を任せてもらえるようになりました。

実は、ラジオの仕事が安定するまで、お弁当屋さんのパートも続けていた杉山さん。

「あるとき、『店長になりませんか？』とオファーをいただいたんです。驚きでした。『わたしより優秀な人材がいるのになぜでしょうか？』。そうたずねると、『杉山さんは、全体を把握した上で行動できるから』とほめていただいたのです。ラジオの仕事が増えたことで、お弁当屋さんをやめざるを得なかったのですが、シングルマザーでも、抜擢されるチャンスがあると知り、救われました」

何かお仕事ください、ではなく、リスナーのための、一緒に働くスタッフのためのよい番組づくりに貢献することから始めた杉山さん。結果として、営業せずに営業をして、ご自身の信頼を勝ち取り、安定した収入を得ることができるようになりました。

杉山さんがすばらしいのは、それだけではありません。

「シングルマザーですが、使える社会保障はすべて使い、奨学金の助けも借りて、娘を２人とも希望の大学に行かせることができました。和田さんと出会ってからの12年間でわたしの人生はどんどん上昇したんです。経済的自立、子育てなど描いた未来を実現できました。パート生活のままだったら、私立の大学に進学させることは、正直、むずかしかったかもしれません。いやそれ以前に『大学なんて無理』と最初からあきらめていたかも。頭を使って稼ぐことで2人の娘の可能性を広げることができたように思います」

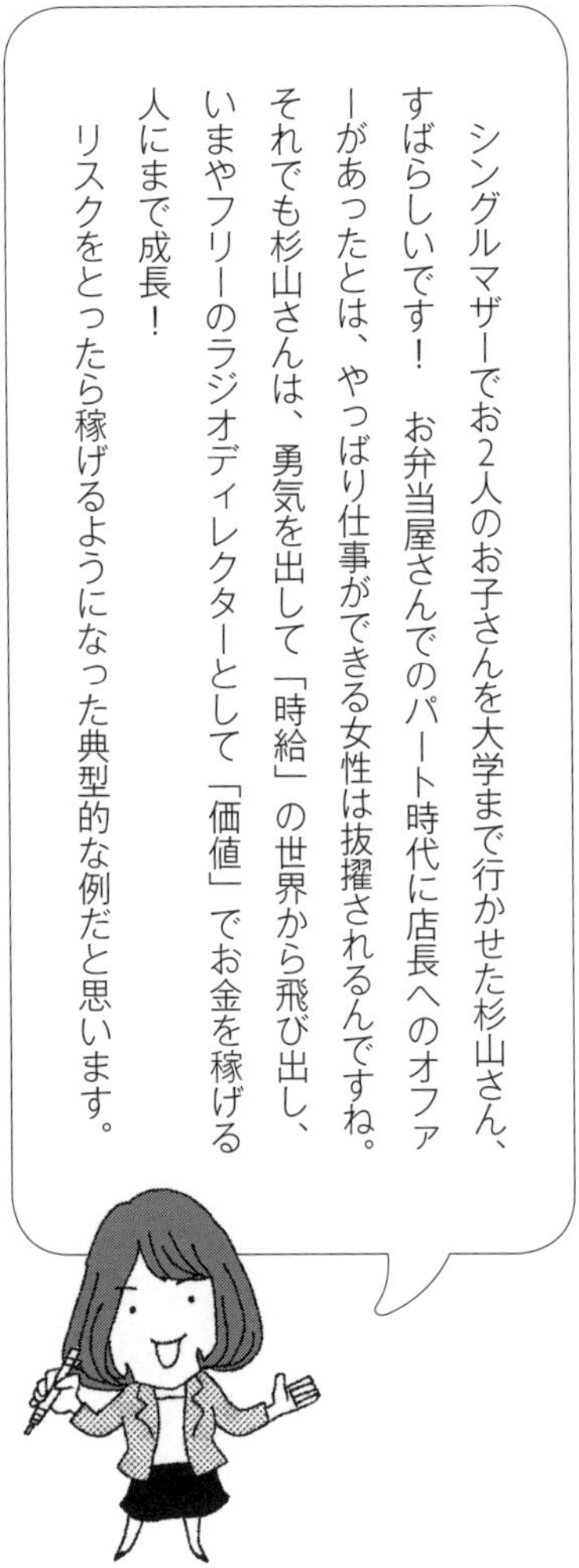
シングルマザーでお2人のお子さんを大学まで行かせた杉山さん、すばらしいです！　お弁当屋さんでのパート時代に店長へのオファーがあったとは、やっぱり仕事ができる女性は抜擢されるんですね。それでも杉山さんは、勇気を出して「時給」の世界から飛び出し、いまやフリーのラジオディレクターとして「価値」でお金を稼げる人にまで成長！
リスクをとったら稼げるようになった典型的な例だと思います。

おわりに――最後に、もう1ついっておきたい「稼げるコツ」

わたしたちが生きるこの時代は、まだまだ男性中心社会です。

「稼ぐ」ためには、上手に渡り歩く必要があります。

やり方はいろいろありますが、次の3点に、気をつけてみてください！

①「感情」よりも「ルール」を優先する

男性にとって仕事は、対戦相手のいるゲームのようなもの。

まずは**「勝つためのルール」**が優先されますが、女性は感情を優先します。

たとえば、だれかが理不尽なリストラにあった場合、

「かわいそうです。いい人なのにご家族も……」と女性が胸を痛めても、

「しかし、これは会社の決定だ」と男性はいい切る。そんな感じです。

もちろん個人差はありますが、社会的背景から、こういう傾向があるのだと理解しておくと、モヤモヤしたストレスから解放されます。

②涙は見せずに「はったり」をかける

女性は能力があっても、謙遜して弱さを出してしまいがち。
でも、男性社会では「できる」と見せた人が、チャンスをもらえます。
ときには、はったりでもいいんです。「わたしできます！」を全面アピールを。

③グチと文句で評価を下げない

すべての人がそうではありませんが、得てして、
女性が男性よりもグチをこぼすのは、「大変ですね」という同情がほしいから。
けれどあなたが欲しいのは、**「同情」じゃなく「お金」**。
本気で稼ぎたいのなら、できるだけグチや文句は卒業しましょう。
ああ、ページが足りません！　だから、この続きはウェブで連載をします！
ということは、ここは「おわりに」でなく、「つづく」ですね（笑）。

稼いで、おしゃれして、自信に満ちあふれ、
キラキラしたあなたと、どこかで必ず出会えますように。

和田裕美

［著者］
和田裕美（わだ・ひろみ）
京都生まれ。作家。株式会社HIROWA代表、京都光華女子大学キャリア形成学科客員教授。営業力・コミュニケーション力・モチベーションアップのための講演・コンサルティングを国内外で展開している。販売累計200万部超の著書に、『世界No.2セールスウーマンの「売れる営業」に変わる本』『幸せをつかむ！ 時間の使い方』『人づきあいのレッスン』『「やる気」が出るコツ、続くコツ』『和田裕美の営業手帳』（以上、ダイヤモンド社）、『和田裕美の人に好かれる話し方』（大和書房）、『本番力』『失敗してよかった！』『15歳から学ぶ「陽転思考」のきほん』『ママの人生』（以上、ポプラ社）、『ぼくはちいさくてしろい』（クラーケン）、『「陽転」コミュニケーション』（日経BP社）、『たくさん失敗して気づいた幸福のヒント36』（PHP研究所）、『「向いてない！」と思う人でもリーダーになれる52のヒント』『YESの9割はフロントトークで決まる！』（以上、日本経済新聞出版社）、『和田裕美の性格がよくなるメールの書き方』（光文社）、『超 前向き人間になれる言葉』（三笠書房）、『「私は私」で人間関係はうまくいく』（KADOKAWA／中経出版）、『成約率98％の秘訣』（かんき出版）、『幸せなお金持ちになる すごいお金。』（SBクリエイティブ）、『運をつくる授業』（廣済堂出版）などがある。外資系教育会社でのフルコミッション営業時代、世界第2位の成績を残し、その後、女性初の最年少支社長となった実績がある。

●Twitter　@wadahiromi　●和田裕美ブログ　https://ameblo.jp/wadahiromi/
●毎日配信、登録無料
「ワダビジョン」　http://special.wadahiromi.com/mailmagazine/

何もなかったわたしがイチから身につけた**稼げる技術**
――女性のためのカセギスキル

2018年9月19日　第1刷発行

著　者――和田裕美
発行所――ダイヤモンド社
〒150-8409　東京都渋谷区神宮前6-12-17
http://www.diamond.co.jp/
電話／03·5778·7236（編集）　03·5778·7240（販売）
編集協力――両角晴香
イラスト――すぎやまえみこ
写真――佐久間ナオヒト
装丁・本文デザイン・本文DTP―新井大輔、中島里夏（装幀新井）
校正――三森由紀子、鷗来堂
ヘアメイク――AY（KIKI PARLOUR）
撮影協力――LIFORK大手町
製作進行――ダイヤモンド・グラフィック社
印刷――勇進印刷（本文）・加藤文明社（カバー）
製本――ブックアート
編集担当――和田史子

ISBN 978-4-478-10382-1